Inhalt

Vorwort

Der nächste Aufsatz steht vor der Tür – und du überlegst, was du noch alles lernen sollst. Beim Blick ins Heft oder den Hefter erscheint das Fachgebiet plötzlich sehr groß und unübersichtlich. Und in wenigen Tagen sollst du einen zusammenhängenden Text von 2–3 Seiten schreiben, sinnvoll geordnet, inhaltlich gut, im Ausdruck abwechslungsreich und möglichst fehlerfrei ...

Die vorliegende Lernhilfe kann dir bei der Bewältigung dieser Aufgabe eine wertvolle Hilfe sein. Sie enthält die wichtigsten Aufsatzarten der Klassen 7 und 8 sowie das Wichtigste zum Kurzvortrag, der irgendwann in diesen Schuljahren auch noch an der Reihe ist.

Dabei liegt das Hauptgewicht auf den zahlreichen Trainingsaufgaben, denn Übung macht bekanntlich den Meister. Die einzelnen Kapitel sind so angelegt, dass du dir den Inhalt in kleinen Schritten aneignen kannst, die am Ende in einer größeren Abschlussübung zusammenkommen. Zu den einzelnen Themen wurden möglichst aktuelle Inhalte ausgesucht, denn das erleichtert die Freude am Lernen.

Damit hast du die Möglichkeit, auf zweierlei Weise mit diesem Buch zu üben. Wenn eine bestimmte Aufsatzform gerade ‚dran' ist und eine Klassenarbeit ansteht, kannst du das entsprechende Gesamtkapitel bearbeiten und noch einmal alle Schritte durchgehen, die für den Aufsatz von Bedeutung sind. Wenn's aber irgendwo ‚brennt' und du merkst, dass dir etwas ganz Bestimmtes, etwa zur Grammatik, fehlt, suchst du dir in der Lernhilfe das dazu passende Teilkapitel und arbeitest es durch. So kannst du auch ganz kurzfristig für eine Arbeit trainieren.

Am besten legst du dir für die Arbeit mit der Lernhilfe ein Heft oder einen Hefter an, denn Ordnung erspart späteres Suchen, und du kannst auch bei anderer Gelegenheit wieder auf deine Arbeitsergebnisse zurückgreifen. Zu den meisten der gestellten Aufgaben enthält die Lernhilfe im letzten Teil auch Lösungen, mit denen du deine Ergebnisse dann vergleichen kannst.

Nun wünsche ich dir nicht nur viel Erfolg bei den einzelnen Übungen, sondern auch viel Spaß beim Lernen, denn damit geht bekanntlich alles leichter.

Und der nächste Aufsatz wird dann sicher kein großes Problem mehr sein.

1. Die Inhaltsangabe

1.1 Nacherzählung oder Inhaltsangabe?

Stephanie erzählt in der Schule am Montagmorgen von ihrem Wochenende:

> „Vorgestern war ich mit meiner Schwester im Kino, in ‚Harriet – die kleine Detektivin'. Ein ganz toller Film ist das. Da ging's um ein Mädchen aus New York, so ein richtiges kleines Biest. Mit allen Mitteln spioniert sie in ihrer Freizeit ihre Nachbarschaft aus. Besonders irre fand ich, wie sie immer wieder zu ihren Neuigkeiten kam. Dabei war sie ganz schön mutig und unverfroren. Am spannendsten war es, als sie sich in eine Villa von einer alten Frau eingeschlichen hat und sich in einem kleinen Aufzug versteckt hat. Da fing es plötzlich an zu quietschen. Ich sage euch, ich hab' selbst Angst bekommen beim Zuschauen. Und alles, was sie gesehen hat, hat sie dann in ihr Tagebuch eingetragen, auch viele voll unmögliche Bemerkungen über ihre Klassenkameraden. Als die das Buch dann entdeckten, gab's natürlich mächtigen Ärger."

Einige Wochen später, in der Klasse 7a sind gerade Buchvorstellungen an der Reihe, stellt Lars das Buch vor, nach dem der Film „Harriet, die kleine Detektivin" gedreht wurde:

> „Das Buch ‚Harriet – Spionage aller Art' handelt von einem 11-jährigen Mädchen, das sich in seiner Freizeit als Spionin verkleidet und seine Nachbarschaft auskundschaftet. Dabei erfährt Harriet viel Interessantes, mischt sich aber auch in Dinge ein, die sie eigentlich gar nichts angehen. Und all ihre ‚Entdeckungen' vertraut sie ihrem Tagebuch an, wobei sie nicht nur die eigentlichen Tatsachen aufschreibt, sondern immer auch persönliche Urteile über die betreffenden Menschen. Auch ihre Freunde nimmt sie von den abschätzigen Bemerkungen nicht aus.
>
> Eines Tages verliert Harriet beim Spielen ihr Notizbuch, und es kommt den anderen aus ihrer Klasse in die Hände. Die sind wütend auf Harriet und beschließen, sich an ihr zu rächen ..."

Übung 1 Vergleiche beide Texte miteinander:
▶ *Lösung Seite 138*

Übung

- Welcher Text ist spannender, welcher ist informativer?
- Welche Absicht verfolgt Stephanie, was möchte Lars bewirken?
- Worin unterscheiden sich beide Texte in ihrer Gestaltung?
- Würdest du Stephanies Text als Filmkritik abdrucken?
- Erfahren die Zuhörer bei Lars eigentlich, ob ihm das Buch gefallen hat?
- Wenn du beide Texte noch einmal miteinander vergleichst – wer hat den Inhalt eher nacherzählt, wer hat den Inhalt eher zusammengefasst?
- Kannst du aus der Untersuchung der beiden Texte ein paar Merkmale für die Nacherzählung und für die Inhaltsangabe entnehmen?

In diesem Kasten stehen die Merkmale der Inhaltsangabe und der Nacherzählung ungeordnet zusammen:

sachliche Sprache
Spannungsbogen und Höhepunkt
nur ‚Er-Perspektive' (3. Person)
richtige Reihenfolge
normalerweise keine persönliche Stellungnahme
Beschränkung auf das Wesentliche
Vergangenheitsform
wörtliche Rede
Lebendigkeit
Einleitungssatz
kurz und knapp
mit eigenen Worten
Präsens
keine wörtliche Rede
mehrere Perspektiven (Sichtweisen) möglich

Übung 2 Trage die Begriffe je nach ihrer Zugehörigkeit in die Tabelle ein. Achtung: Manche Merkmale passen sowohl für die Nacherzählung als auch für die Inhaltsangabe!
▶ *Lösung Seite 138*

Übung

Nacherzählung	Inhaltsangabe

Zur Nacherzählung hast du in den vergangenen Klassen gelernt, dass sie zwar mit eigenen Worten erzählt sein soll, aber ebenso spannend, lustig oder traurig wie das Original. Sie soll die Atmosphäre des ursprünglichen Textes möglichst gut wiedergeben, der Zuhörer soll sich in die einzelnen Figuren hineinversetzen können.

Lesetext

Johann Peter Hebel
Teure Eier

Als zu seiner Zeit ein fremder Fürst nach Frankreich reiste, wurde es ihm unterwegs öd im Magen, und ließ sich in einem gemeinen Wirtshaus, wo sonst dergleichen Gäste nicht einkehren, drei gesottne Eier geben. Als er damit fertig war, fordert der Wirt dafür 300 Livres. Der Fürst fragt, ob denn hier die Eier so rar seien. Der Wirt lächelte und sagte: „Nein, die Eier nicht, aber die großen Herren, die so etwas dafür bezahlen können." Der Fürst lächelte auch und gab das Geld und das war gut. Als aber der damalige König von Frankreich von der Sache hörte (es wurde ihm als ein Spaß erzählt), nahm er's sehr übel, dass ein Wirt in seinem Reich sich unterstand, solche unverschämten Überforderungen zu machen, und sagte dem Fürsten: „Wenn Sie auf Ihrer Rückreise wieder an einem Wirtshaus vorbeifahren, werden Sie sehen, dass Gerechtigkeit in meinem Land herrscht." Als der Fürst auf seiner Rückreise wieder an dem Wirtshaus vorbeifuhr, sah er kein Schild mehr daran, aber die Türen und Fenster waren zugemauert, und das war auch gut.

Zu dieser Geschichte wurden eine Nacherzählung und eine Inhaltsangabe verfasst.

Übung

Übung 3 Bei dieser Aufgabe musst du etwas knobeln: Setze die Nacherzählung und die Inhaltsangabe aus den beiden Spalten richtig zusammen und schreibe sie auf.
Ein Tipp: Achte auf das Tempus!
► *Lösung Seite 139*

Ein Fürst reiste einst nach Frankreich. Unterwegs bekam er plötzlich großen Hunger und beschloss, in einem einfachen Wirtshaus einzukehren. „Nein", antwortete der gewitzte Wirt, „Aber Herrschaften, die so viel dafür bezahlen können." Der Fürst akzeptiert dieses Argument lachend, aber der König, als er davon hört, ist entsetzt und verspricht, für Gerechtigkeit zu sorgen. Doch als der Fürst das dem König von Frankreich erzählte, war der entsetzt über die Unverschämtheit des Wirts. Als der Fürst dann aber tatsächlich auf dem Rückweg bei dem Gasthaus einkehren wollte, sah er kein Schild mehr daran und fand Türen und Fenster zugemauert.

In der Kalendergeschichte ‚Teure Eier' von Johann Peter Hebel geht es um Gerechtigkeit. Ein Fürst bekommt auf der Reise nach Frankreich Hunger und kehrt in einem einfachen Wirtshaus ein. Er bestellte drei gesottene Eier, die ihm der Wirt auch brachte. Für drei gesottene Eier muss er dort 300 Livres bezahlen, und zwar nicht, weil Eier so rar seien, wie der Wirt sagt, sondern Gäste, die so viel bezahlen könnten. „Sind denn Eier eine solche Seltenheit hier?", fragte der Fürst erstaunt. „Warten Sie nur ab", sagte er, „wenn Sie auf der Rükkreise wieder in dem Gasthause hereinschauen, werden Sie sehen, dass in meinem Lande Gerechtigkeit herrscht." Als der Fürst auf der Rückreise wieder bei dem Gasthaus vorbeikommt, findet er das Haus verlassen und die Fenster zugemauert vor.

Übungen

Übung 4 Wenn du die Texte richtig zusammengesetzt hast, prüfe: Was ist länger – Inhaltsangabe oder Nacherzählung?
▶ *Lösung Seite 139*

Übung 5 Wie beurteilt der Fürst das Geschehen?
▶ *Lösung Seite 139*

Übung 6 Welche Haltung zum Geschehen nimmt die Inhaltsangabe zu „Teure Eier" ein?
▶ *Lösung Seite 140*

Übung 7 Versuche, allgemein die Eigenschaften der Inhaltsangabe zu erklären.
▶ *Lösung Seite 140*

1.2 Die Schritte zur Inhaltsangabe

Bisher hast du gelernt, was die Inhaltsangabe von der Nacherzählung unterscheidet. Sie ist sachlich und will nicht eine besondere Atmosphäre wiedergeben. Deshalb kommt es nicht so auf Lebendigkeit an. Die Inhaltsangabe ist knapp und zeichnet nicht ausführlich den Spannungsbogen einer Geschichte nach.
Allgemein solltest du also versuchen, bei der Inhaltsangabe einen möglichst unbeteiligten Standpunkt zum Geschehen einzunehmen, so als würdest du einen Kurzbericht für eine Zeitung schreiben. Versuche also, den Inhalt objektiv, ohne Wertung wiederzugeben.
Ein entscheidendes Merkmal der Inhaltsangabe ist die Kürze. Die Inhaltsangabe soll keine überflüssigen Angaben enthalten. Gleichzeitig soll sie so gründlich über einen Text informieren, dass der Leser sich ein Bild machen und entscheiden kann, ob ihn die Geschichte interessiert oder nicht. Wenn du nun einen längeren Text in Form einer Inhaltsangabe zusammenfassen sollst, gehst du am besten in folgenden Schritten vor:

1. Gliedere den Text in sinnvolle Abschnitte. Achte dabei darauf, dass ein ‚sinnvoller Abschnitt' nicht mit einem Absatz übereinstimmen muss.
2. Formuliere zu jedem Abschnitt eine Überschrift.
3. Überlege, welche Informationen und Inhalte aus dem jeweiligen Abschnitt für das Gesamtverständnis des Textes wichtig sind. Was soll als unwesentlich nicht in die Inhaltsangabe aufgenommen werden?
4. Formuliere einen Einleitungssatz, der in Kurzform Textart, Titel und Verfasser nennt sowie über das Thema des Textes informiert.
5. Fülle den Platz zwischen den einzelnen von dir gefundenen Überschriften mit den wesentlichen Informationen auf und verbinde alles zu einem zusammenhängenden Text.
6. Wenn du willst, kannst du am Ende noch einmal kurz das übergeordnete Thema des Textes nennen. Wenn sie nicht ausdrücklich gefordert ist, solltest du aber keine persönliche Stellungnahme zum Text abgeben.

Diese einzelnen Schritte kannst du jetzt an einer etwas längeren Geschichte einüben. Lies sie dir ein erstes Mal in Ruhe durch, ohne dir irgendwelche Notizen oder Unterstreichungen zu machen.

Lesetext

Wolfdietrich Schnurre
Jenö war mein Freund

Als ich Jenö kennen lernte, war ich neun; ich las Edgar Wallace und Conan Doyle, war eben sitzen geblieben und züchtete Meerschweinchen. Jenö traf ich zum ersten Mal auf dem Stadion am Faulen See beim Grasrupfen; er lag unter einem Holunder und sah in den Himmel. Weiter hinten spielten sie Fußball und schrien manchmal „Tooooooor!“ oder so was. Jenö kaute an einem Grashalm; er hatte ein zerrissenes Leinenhemd an und trug eine Manchesterhose, die nach Kokelfeuer und Pferdestall roch.

Ich tat erst, als sähe ich ihn nicht, und rupfte um ihn herum; aber dann drehte er doch ein bisschen den Kopf zu mir hin und blinzelte schläfrig und fragte, ich hätte wohl Pferde.

„Nee“, sagte ich, „Meerschweinchen.“

Er schob sich den Grashalm in den anderen Mundwinkel und spuckte aus.

„Schmecken nicht schlecht.“

„Ich ess sie nicht“, sagte ich; „dazu sind sie zu nett.“

„Igel“, sagte Jenö und gähnte, „die schmecken auch nicht schlecht.“ Ich setzte mich zu ihm. „Igel –“

„Toooooooor!“ schrien sie hinten.

Jenö sah wieder blinzelnd in den Himmel. Ob ich Tabak hätte.

„Hör mal“, sagte ich; „ich bin doch erst neun.“

„Na und –“, sagte Jenö, „ich bin acht.“

Wir schwiegen und fingen an, uns leiden zu mögen.

Dann musste ich gehen. Doch bevor wir uns trennten, machten wir aus, uns möglichst bald wiederzutreffen.

Vater hatte Bedenken, als ich ihm von Jenö erzählte. „Versteh mich recht“, sagte er, „ich hab' nichts gegen Zigeuner; bloß –“

„Bloß –?“ fragte ich.

„Die Leute –“, sagte Vater und seufzte. Er nagte eine Weile an seinen Schnurrbartenden herum. „Unsinn“, sagte er plötzlich, „schließlich bist du jetzt alt genug, um dir deine Bekannten selbst auszusuchen. Kannst ihn ja mal zum Kaffee mit herbringen.“

Das tat ich dann auch. Wir tranken Kaffee und aßen Kuchen zusammen und Vater hielt sich auch wirklich hervorragend. Obwohl Jenö wie ein Wiedehopf roch und sich auch sonst ziemlich seltsam benahm – Vater ging drüber weg. Ja, er machte ihm sogar ein Katapult aus echtem Vierkantgummi und sah sich obendrein noch alle unsere neu erworbenen

Konversationslexikonbände mit uns an.

Als Jenö weg war, fehlte das Barometer über dem Schreibtisch. Ich war sehr bestürzt, Vater gar nicht so sehr.

„Sie haben andere Sitten als wir", sagte er, „es hat ihm eben gefallen. Außerdem hat es sowieso nicht mehr viel getaugt."

„Und was ist", fragte ich, „wenn er es jetzt nicht mehr rausrückt?"

„Gott", sagte Vater, „früher ist man auch ohne Barometer ausgekommen."

Trotzdem, das mit dem Barometer, fand ich, ging ein bisschen zu weit. Ich nahm mir jedenfalls vor, es Jenö wieder abzunehmen.

Aber als wir uns das nächste Mal trafen, hatte Jenö mir ein so herrliches Gegengeschenk mitgebracht, dass es unmöglich war, auf das Barometer zurückzukommen. Es handelte sich um eine Tabakspfeife, in deren Kopf ein Gesicht geschnitzt war, das einen Backenbart aus Pferdehaar trug.

Ich war sehr beschämt, und ich überlegte lange, wie ich mich revanchieren könnte. Endlich hatte ich es: ich würde Jenö zwei Meerschweinchen geben. Es bestand dann zwar die Gefahr, dass er sie aufessen würde, aber das durfte einen jetzt nicht kümmern; Geschenk war Geschenk.

Und er dachte auch gar nicht daran, sie zu essen; er lehrte sie Kunststücke.

Innerhalb weniger Wochen liefen sie aufrecht auf zwei Beinen; und wenn Jenö ihnen Rauch in die Ohren blies, legten sie sich hin und überkugelten sich. Auch Schubkarrenschieben und Seiltanzen lehrte er sie. Es war wirklich erstaunlich, was er aus ihnen herausholte; Vater war auch ganz beeindruckt.

Ich hatte damals außer Wallace und Conan Doyle auch gerade die zehn Bände vom Doktor Dolittle durch, und das brachte mich auf den Gedanken, mit Jenö zusammen so was wie einen Meerschweinchenzirkus aufzumachen.

Aber diesmal hielt Jenö nicht durch. Schon bei der Vorprüfung der geeigneten Tiere verlor er die Lust. Er wollte lieber auf Igeljagd gehen, das wäre interessanter.

Tatsächlich, das war es. Obwohl – mir war immer ziemlich mulmig dabei. Ich hatte nichts gegen Igel, im Gegenteil, ich fand sie sympathisch. Aber es wäre sinnlos gewesen, Jenö da beeinflussen zu wollen; und das lag mir auch gar nicht.

Er hatte sich für die Igeljagd einen handfesten Knüppel besorgt, der unten mit einem rau gefeilten Eisenende versehen war; mit dem stach er in Laubhaufen rein oder stocherte auf Schutthalden unter alten Eimern herum. Er hat so oft bis zu vier Stück an einem Nachmittag harpuniert;

keine Ahnung, wie er sie aufspürte; er muss sie gerochen haben, die Burschen.
Jenös Leute hausten in ihren Wohnwagen. Die standen zwischen den Kiefern am Faulen See, gleich hinter dem Stadion. Ich war oft da, viel häufiger als in der Schule, wo man jetzt doch nichts Vernünftiges mehr lernte.
Besonders Jenös Großmutter mochte ich gut leiden. Sie war unglaublich verwahrlost, das stimmt. Aber sie strahlte so viel Würde aus, dass man ganz andächtig wurde in ihrer Nähe. Sie sprach kaum; meist rauchte sie nur schmatzend ihre Stummelpfeife und bewegte zum Takt eines der Lieder, die von den Lagerfeuern erklangen, die Zehen.
Wenn wir abends mit Jenös Beute dann kamen, hockte sie schon am Feuer und rührte den Lehmbrei an. In den wurden die Igel jetzt etwa zwei Finger dick eingewickelt. Darauf legte Jenö sie behutsam in die heiße Asche, häufelte einen Glutberg über ihnen, und wir kauerten uns hin, schwiegen, spuckten ins Feuer und lauschten darauf, wie das Wasser in den Lehmkugeln langsam zu singen anfing. Ringsum hörte man die Maulesel und Pferde an ihren Krippen nagen, und manchmal klirrte leise ein Tamburin auf oder, mit einer hohen, trockenen Männerstimme zusammen, begann plötzlich hektisch ein Banjo zu schluchzen.
Nach einer halben Stunde waren die Igel gar. Jenö fischte sie mit einer Astgabel aus der Glut. Sie sahen jetzt wie kleine, etwas zu scharf gebackene Landbrote aus; der Lehm war steinhart geworden und hatte Risse bekommen, und wenn man ihn abschlug, blieb der Stachelpelz an ihm haften, und das rostrote Fleisch wurde sichtbar. Man aß grüne Paprikaschoten dazu oder streute rohe Zwiebelkringel darauf; ich kannte nichts, das aufregender schmeckte.
Aber auch bei uns zu Hause war Jenö jetzt oft. Wir sahen uns in Ruhe die sechs Bände unseres neuen Konversationslexikons an; ich riss die Daten der Nationalen Erhebung aus meinem Diarium und schrieb rechts immer ein deutsches Wort hin, und links malte Jenö dasselbe Wort auf Rotwelsch daneben.
Ich habe damals eine Menge gelernt, von Jenö meine ich, von der Schule rede ich jetzt nicht.
Später stellte sich auch heraus, es verging kein Tag, an dem die Hausbewohner sich nicht beim Blockwart über Jenös Besuche beschwerten; sogar zur Kreisleitung ist mal einer gelaufen. Weiß der Himmel, wie Vater das jedes Mal abbog; mir hat er nie was davon gesagt.
Am meisten hat sich Jenö aber doch für meine elektrische Eisenbahn interessiert; jedes Mal, wenn wir mit ihr gespielt hatten, fehlte ein

Waggon mehr. Als er dann aber auch an die Schienenteile, die Schranken und die Signallampen ging, fragte ich doch mal Vater um Rat.

„Lass nur“, sagte er, „kriegst eine neue, wenn Geld da ist.“

Am nächsten Tag schenkte ich Jenö die alte. Aber merkwürdig, jetzt wollte er sie plötzlich nicht mehr; er war da komisch in dieser Beziehung. Und dann haben sie sie eines Tages doch abgeholt; die ganze Bande; auch Jenö war dabei. Als ich früh hinkam, hatten SA und SS das Lager schon umstellt, und alles war abgesperrt, und sie scheuchten mich weg.

Jenös Leute standen dicht zusammengedrängt auf einem Lastwagen. Es war nicht herauszubekommen, was man ihnen erzählt hatte, denn sie lachten und schwatzten, und als Jenö mich sah, steckte er zwei Finger in den Mund und pfiff und winkte rüber zu mir.

Bloß seine Großmutter und die übrigen Alten schwiegen; sie hatten die Lippen aufeinander gepresst und sahen starr vor sich hin. Die anderen wussten es nicht. Ich habe es damals auch nicht gewusst; ich war nur traurig, dass Jenö jetzt weg war. Denn Jenö war mein Freund.

Übung 8 Worum geht es deiner Meinung nach in der Geschichte? Kannst du ihr Thema in 1–2 Sätzen zusammenfassen?
► *Lösung Seite 140*

Zur Erleichterung einige Vorschläge:

Geht es

- darum, dass man nicht rauchen, klauen und anderen Unsinn machen soll;
- um die Geschichte zweier Freunde und die Toleranz gegenüber Außenseitern;
- um das Leben der Zigeuner, ihre andersartigen Sitten und Gebräuche oder
- darum, wie man einen Freund gewinnen und wieder verlieren kann?

Wenn du dir über das wesentliche Geschehen, die Pointe und die mögliche Aussage des Textes erste Gedanken gemacht hast, lies dir die Geschichte noch einmal durch. Gliedere sie nach inhaltlichen Gesichtspunkten, d. h. danach, wo die Handlung eine Wendung nimmt, wo Neues geschieht, wo andere, wichtige Personen hinzukommen. Überlege dir, wo der Höhepunkt der Geschichte ist. Unterstreiche dir die

Namen der wichtigsten Personen und Orte, eventuell auch wichtige Zeitangaben und schreibe sie dir heraus. Versuche, bei genauem Lesen das Wesentliche vom Unwesentlichen zu unterscheiden, indem du das Wichtigste unterstreichst.

Die ersten beiden Absätze der Geschichte bilden die Einleitung:

Übung 9 Wie alt sind die beiden Hauptfiguren?
► *Lösung Seite 140*

Übung 10 Bei welcher Gelegenheit treffen sie sich?
► *Lösung Seite 140*

Übung 11 Wie wirkt Jenö auf den Erzähler?
► *Lösung Seite 140*

Übung 12 Wieso fangen sie an sich zu mögen?
► *Lösung Seite 140*

Übung 13 Formuliere eine knappe Überschrift zu den beiden ersten Absätzen.
► *Lösung Seite 140*

Übung 14 Welche Informationen aus den ersten beiden Abschnitten hältst du für wichtig, welche für unwichtig? Streiche die unwichtigen Dinge durch:
► *Lösung Seite 140*

- Der Ich-Erzähler liest Krimis.
- Der Ich-Erzähler züchtet Meerschweinchen.
- In einiger Entfernung befindet sich ein Sportplatz, auf dem Fußball gespielt wird.
- Jenö hat abgerissene Sachen an und riecht nach Feuer und Pferdestall.
- Jenö fragt, ob der Erzähler Pferde habe.
- Jenö sagt, er esse Meerschweinchen und Igel.
- Jenö raucht.
- Bevor sie auseinander gehen, verabreden sie, sich wieder zu treffen.

Übung 15 *Verbinde die Informationen, die du als wesentlich übrig behalten hast, zu zusammenhängenden Sätzen.*
▶ *Lösung Seite 141*

Wie du oben gelesen hast, soll der erste Satz als Einleitung deiner Inhaltsangabe zum einen über den grundlegenden Inhalt der Geschichte berichten. Außerdem soll er neben der Nennung der Überschrift auch über die Art des Textes, über den Verfasser und über das Thema informieren. Zum Thema hast du dir ja bereits Gedanken gemacht. Den Autor verrät dir die Geschichte selbst. Zur Textart: Es handelt sich um eine Kurzgeschichte.

Übung 16 *Formuliere jetzt den ersten Satz, indem du zunächst in der genannten Reihenfolge über Textart, Titel, Verfasser und Thema informierst.*
▶ *Lösung Seite 141*

Übung 17 *Beschreibe in vier bis fünf weiteren Sätzen die Einleitung der Geschichte. Dabei musst du über die wichtigsten Personen, den Ort und die Zeit (soweit möglich) und über wichtige Einzelheiten des Geschehens informieren.*
▶ *Lösung Seite 141*

Gehe nun ähnlich mit dem Rest der Geschichte vor:

Übung 18 *Gliedere sie in Sinnabschnitte und formuliere eine Überschrift dazu.*
▶ *Lösung Seite 141*

Übung 19 *Überlege dir, wie viel Teilhandlungen die Geschichte hat und wie du sie in deiner Inhaltsangabe miteinander verbinden willst.*
▶ *Lösung Seite 141*

Übung 20 *Unterstreiche dir im Text die wichtigsten Informationen und schreibe sie stichwortartig heraus.*
▶ *Lösung Seite 142*

Übung 21 *Verbinde sie mit den Überschriften zu einem zusammenhängenden Text.*
▶ *Lösung Seite 142*

1.3 In der Kürze liegt die Würze – Übungen zum treffenden Ausdruck

Vergleiche den zweiten Absatz der Geschichte mit folgender ausführlicher Inhaltsangabe.

> „Auf die Frage, ob er Pferde habe, erzählt der Junge, dass er Futter für seine Meerschweinchen sammle. Jenö antwortet nur, Meerschweinchen schmeckten nicht schlecht, ebenso wie Igel, was den Jungen in Erstaunen versetzt. Schließlich fragt ihn Jenö, ob er Tabak habe, doch der Erzähler antwortet, er sei erst neun Jahre alt. Doch das Alter ist für Jenö kein Hindernis zu rauchen: Er ist erst acht. So gewinnen die Kinder Interesse aneinander und werden Freunde."

Für eine Inhaltsangabe der gesamten Geschichte ist dieser Abschnitt noch zu lang. Dennoch kannst du gegenüber dem Original schon einige wesentliche Unterschiede feststellen:

Übung 22 Untersuche genau, was mit den Stellen des Originals, die wörtliche Rede enthalten, geschehen ist.
▶ *Lösung Seite 142*

Übungen

Übung 23 Zeige auf, wo der Originaltext Gefühle oder Wertungen zum Ausdruck bringt („blinzelte schläfrig"; „Wir schwiegen und fingen an uns leiden zu mögen."; „Hör mal", sagte ich). Wie wurde das in der Inhaltsangabe verändert?
▶ *Lösung Seite 142*

Vergleiche nun noch einmal den Original-Abschnitt und die ausführlichere Inhaltsangabe mit den folgenden Sätzen:

> „Bei der ersten Begegnung stellt sich heraus, dass Jenö für sein Alter von 8 Jahren ein recht außergewöhnlicher Junge ist: Er raucht, isst Meerschweinchen und Igel und scheint auch sonst nichts Rechtes zu tun zu haben."

Übung 24 Wie wird der Inhalt für die Textzusammenfassung noch weiter verknappt?
▶ *Lösung Seite 142*

Übung

1.3.1 Indirekte Rede

In der Inhaltsangabe benützt man keine wörtliche Rede. Das geschieht, damit der sachliche Eindruck des Gesamttextes gewahrt bleibt. Man kann Dialoge entweder ganz weglassen, oder, wenn man sie wichtig findet, knapp zusammenfassen. Das geschieht mit der indirekten Rede:

Sven sagt: „Ich kann morgen nicht kommen."
Sven sagte, er könne morgen nicht kommen.

Ina fragt: „Kommst du heute zum Konzert?"
Ina fragte, ob er zum Konzert komme.

Übung 25 Bestimme die Unterschiede zwischen den Verbformen und versuche, eine allgemeine Regel zur Bildung der indirekten Rede aufzustellen.
► *Lösung Seite 142*

> Zur Bildung der indirekten Rede verwendet man den Konjunktiv I. Er wird gebildet aus dem Stamm des Infinitivs und der jeweiligen Personalendung (-e,-(e)st,-e;-en,-(e)t,-en).

Da die Inhaltsangabe im Präsens steht, kannst du dich bei der folgenden Übung auf die Bildung der Konjunktivformen im Präsens beschränken.

Übung 26 Bilde zu folgenden Indikativformen den Konjunktiv I:
► *Lösung Seite 143*

es regnet, ihr seht, du hast, sie läuft, ihr fahrt, du spielst,
sie isst, er darf, ich bin (!)

Manchmal allerdings ist es mit der Bildung der Konjunktivform für die indirekte Rede etwas komplizierter:

Übung 27 Bilde die indirekte Rede für die folgenden kurzen Beispielsätze. Was fällt dir auf?
► *Lösung Seite 143*

Karl meint: „Wir haben genug Proviant eingepackt."
Iris ruft: „Sie kommen schon."
Uta denkt: „Bestimmt verspäten wir uns."

Info

Wenn die Form des Konjunktivs I mit der Form des Indikativ Präsens identisch ist, kann man direkte und indirekte Rede (jedenfalls in der mündlichen Wiedergabe) nicht mehr richtig auseinanderhalten. Deshalb benutzt man dann für die indirekte Rede den Konjunktiv II. Er wird gebildet durch den Stamm des Präteritums (oder auch die zweite Stammform) plus Personalendungen des Konjunktivs. Bei den Verben, deren Präteritumformen nicht mit dem Präsensstamm gebildet wird (starke Verben), fügt man auch einen Umlaut an: wir kommen – wir kämen, wir haben – wir hätten.

Übung

Übung 28 Bilde zu folgenden Formen den Konjunktiv II:
▶ *Lösung Seite 143*

sie ziehen, wir fahren, du bekommst, sie geben,
sie bitten, wir liegen, sie wachsen

Manchmal allerdings klingt der durchgängige Gebrauch der Konjunktivformen für indirekte Rede etwas ‚unnatürlich':

„Sie sagte, sie sehe ihren Fehler nun ein. Sie habe einfach viel zu wenig gelernt für die Arbeit, so könne man keine Prüfung bestehen. Immer nur liefe sie auf den Sportplatz oder höre Musik, das solle jetzt anders werden. Ihre Freunde säßen schließlich auch manche Stunde über ihren Hausaufgaben, und das lohne sich auch, schließlich schnitten sie in den Prüfungen dann besser ab. Schließlich wollten sie alle einmal einen guten Beruf haben später..."

Übung

Übung 29 Verbessere diesen Text, indem du an einigen Stellen die Konjunktivformen ersetzt. Achte darauf: Es muss erkennbar bleiben, dass es sich nicht um direkte, sondern um indirekte Rede handelt.
▶ *Lösung Seite 143*

Info

Wenn die Form des Konjunktivs II mit dem Indikativ Präteritum übereinstimmt oder wenn auf Grund zu starker Benutzung des Konjunktivs eine Inhaltsangabe zu umständlich klingt, kann die Ersatzform mit „würde" benutzt werden. Achte aber auch umgekehrt darauf, dass die Form mit „würde" nicht zu oft hintereinander auftaucht; ein Text wirkt dann schnell langweilig.

Übung

Übung 30 *Trainiere die indirekte Rede, indem du in dem folgenden Auszug aus der Kurzgeschichte „Die Killer" von E. Hemingway die wörtliche Rede umwandelst.*
► *Lösung Seite 143/144*

Lesetext

Ernest Hemingway
aus: Die Killer

Die Tür von Henrys Esslokal öffnete sich, und zwei Männer kamen herein. Sie setzten sich an die Theke.

„Was bekommen Sie?", fragte sie George.

„Ich weiß nicht", sagte der eine Mann. „Was willst du essen, Al?" „Ich weiß nicht", sagte Al. „Ich weiß nicht, was ich essen will." Draußen wurde es dunkel. Die Straßenbeleuchtung vor dem Fenster ging an. Die beiden Männer an der Theke lasen die Speisekarte. Nick Adams beobachtete sie vom andern Ende der Theke her. Als sie hereinkamen, hatte er sich mit George unterhalten.

„Ich nehme gebratene Schweinslende mit Apfelmus und Kartoffelbrei", sagte der erste Mann.

„Das ist noch nicht fertig."

„Verflucht noch mal, wozu schreibt ihr 's auf die Karte?"

„Das ist das Abendessen", erklärte George. „Das können Sie um sechs Uhr haben."

George sah auf die Uhr hinter der Theke. „Es ist fünf Uhr." „Die Uhr zeigt zwanzig Minuten nach fünf", sagte der zweite Mann. „Sie geht zwanzig Minuten vor."

„Zum Teufel mit der Uhr", sagte der erste Mann. „Was habt ihr zu essen?"

„Ich kann Ihnen jede Sorte von belegten Broten geben", sagte George. „Sie können Eier mit Schinken, Eier mit Speck, Leber mit Speck oder ein Steak haben."

„Geben Sie mir Hühnerkroketts mit grünen Erbsen und Sahnesauce und

Kartoffelbrei.“

„Das ist das Abendessen.“

„Alles, was wir wollen, ist das Abendessen, was? Das ist ja ’n feiner Betrieb.“

„Ich kann Ihnen Eier mit Schinken, Eier mit Speck, Leber…“ „Ich werde Eier mit Schinken essen“, sagte der Mann, der Al hieß. Er trug eine Melone und einen schwarzen, über der Brust zugeknöpften Überzieher. Sein Gesicht war klein und weiß, und er hatte schmale Lippen. Er trug ein seidenes Halstuch und Handschuhe.

Übung 31 ***Versuche in einem zweiten Schritt eine Inhaltsangabe dieses Auszugs. Konzentriere dich dazu nicht auf die einzelnen Redebeiträge, sondern beschreibe den Inhalt. Gib nur einige wichtige Redebeiträge in der indirekten Rede wieder.***

► *Lösung Seite 144*

1.3.2 Ausdrucksstarke Wörter vermeiden!

Als du in den vorigen Klassen das Erzählen und das Nacherzählen geübt hast, war dabei bestimmt ein Schwerpunkt das Finden von ausdrucksstarken Wörtern.

> Sie sagte zu ihm: „Du hast mich belogen."
> Sie schrie ihn an: „Du hast mich belogen!"

Beide Sätze könnten im selben Zusammenhang stehen, bringen aber doch etwas anderes zum Ausdruck. Eine Erzählung oder ein Gedicht bekommen oft erst Farbe dadurch, dass sie mit ausdrucksstarken Wörtern geschrieben sind. Während es beim Erzählen und Nacherzählen also besonders darauf ankommt, fantasievolle und ausdrucksstarke Wörter für etwas zu finden, das man hervorheben will, ist das bei der Inhaltsangabe umgekehrt. Denn die Inhaltsangabe soll ja sachlich und knapp und aus der Sicht eines entfernten Beobachters geschrieben sein – da haben Gefühle also möglichst wenig zu suchen. Und wenn man gefühlsmäßige oder bewertende Wörter und Formulierungen vermeidet, wird der Text auch kürzer.

Im Folgenden findest du einen Auszug aus dem Jugendbuch *Es geschah im Nachbarhaus* von Willi Fährmann.

Übung

Übung 32 Lies dir den Text durch und schreibe alle Adjektive, Adverbien und Verben, die einen starken Ausdruckswert haben, heraus.
▶ *Lösung Seite 144*

Lesetext

Willi Fährmann
Auszug aus: *Es geschah im Nachbarhaus*

Als sie in die Mühlenstraße einbogen, flatterte er schon davon. Frau Märzenich band den schwarzen Trauerflor an die Haustür. Gerd stürzte vorwärts, als wolle er noch erreichen, was kein Mensch mehr einzufangen vermag. Ruth überwand die Scheu davor, ein Haus zu betreten, in dem ein Toter lag. Sie wollte Gerd nicht allein lassen. Doch Frau Märzenich verwehrte ihr die Tür.
„Hast du ihm schon die letzte Stunde seines Vaters gestohlen, dann lass ihn wenigstens jetzt", zischte sie ihr entgegen.

Ruth konnte ihrem kalten Blick nicht widerstehen. Sie floh nach Haus. Im hinteren Wohnzimmer brannte noch Licht. Der Schimmer fiel unter der Türritze hindurch. Sie steckte den Kopf ins Zimmer, sagte „Gute Nacht!“ und wollte in die Kammer huschen.

„Komm herein, Tochter“, befahl die Mutter. Ihre Stimme klang erstickt, traurig.

Da sah Ruth ihn. Er lag auf dem Boden, die Glieder weit von sich gestreckt.

„Was ist mit Vater, Mutter, was ist?“

„Komm, hilf mir, wir wollen ihn auf die Bank legen. Er ist schwer. Ich schaffe es nicht allein.“

Ruth beugte sich über den Vater. Sein Mund stand offen. Der Atem kam stoßweise aus seiner Brust. Sie fuhr zurück. Er war betrunken, sinnlos betrunken. Ruth schaute Mutter an und fragte nichts mehr. Sie schleppten den schlaffen Körper auf die Bank. Mutter deckte ihn sorgsam mit der schweren braunen Decke zu.

In diesen Minuten hasste Ruth ihren Vater. „Ein Metzger. Ein Säufer. Er schafft es nicht, unser Haus zu schützen“, dachte sie.

„Sie hetzen ihn“, sagte Mutter leise, als ob sie die Gedanken der Tochter lesen könne. „Er macht so vieles falsch in diesen Tagen, weil sie ihn hetzen. Vor einer Stunde haben Deichsels ein Lämmchen zurückgeschickt. Es war nicht richtig geschlachtet. Seine Hand war früher so sicher. Er hat es falsch geschlachtet. Es war nicht richtig ausgeblutet. Er macht so vieles falsch.“

„Warum, Mutter, bin gerade ich eine Jüdin?“

Die Mutter hätte viele Antworten geben können, aber sie wusste auch, dass es für Ruth keine gute Antwort gab in dieser Stunde. Deshalb schwieg sie und begnügte sich damit, dem Mädchen das Haar behutsam aus dem Gesicht zu streichen.

Übung 33 ***Mache dir klar, worin der besondere Ausdruckswert der von dir herausgesuchten Wörter besteht.***

► *Lösung Seite 144*

Übung

Übung

Übung 34 Wie schätzt du die folgenden Zusammenfassungen ein?
▶ Lösung Seite 144

Ruth möchte mit Gerd in dessen Haus gehen, wo sein Vater gestorben ist, doch seine entsetzliche Mutter knallt ihr die Tür vor der Nase zu. Sie geht zu sich nach Hause, wo sie ihren Vater betrunken am Boden liegen sieht. Sie hält es nicht aus, dass ihr Vater ein Säufer ist. Unbegreiflicherweise scheint die Mutter mehr Verständnis zu haben. Sie legen den Vater auf die Bank. Natürlich kann die Mutter Ruth in ihrer Verzweiflung nicht helfen.

Ruth möchte mit Gerd in dessen Haus gehen, wo sein Vater gestorben ist, aber seine Mutter lässt sie nicht eintreten. Sie geht zu sich nach Hause, wo sie ihren Vater betrunken am Boden liegen sieht. Mit ihrer Mutter trägt sie ihn auf die Bank.

Übungen

Übung 35 Das erste Beispiel zeigt, wie übertrieben viele ausdrucksstarke Wörter verwendet wurden. Überlege dir, welche Formulierungen die Stimmung der Geschichte wiedergeben und welche die persönliche Sicht des Geschehens darstellen.
▶ Lösung Seite 145

Übung 36 Das zweite Beispiel ist zwar wesentlich sachlicher als das erste, aber vielleicht ist es schon wieder etwas zu knapp, um dem Textauszug wirklich gerecht zu werden. – Versuche, den Abschnitt knapp zusammenzufassen, ohne eine Nacherzählung zu schreiben und ohne deine persönliche Einschätzung und Stimmung in die Inhaltsangabe mit hineinzubringen.
▶ Lösung Seite 145

1.4 Inhaltsangaben von Balladen

Im Deutschunterricht wird die Inhaltsangabe oft anhand von Balladen geübt. Manchem mag das schwerer erscheinen, weil sich ein Gedicht durch die Sprache, den besonderen Rhythmus und den Reim vielleicht etwas ‚komplizierter' liest als eine Geschichte. Auf der anderen Seite ist die Gliederung, die man bei einer Kurzgeschichte oft erst mühsam herausfinden muss, bei einer Ballade schon durch die Strophen vorgegeben. Balladen enthalten eine vollständige Geschichte und zumeist auch wörtliche Rede, die für die Inhaltsangabe umgewandelt werden muss. Und wenn ein ‚lyrisches Ich' der Sprecher ist, muss in der Inhaltsangabe dieses Ich natürlich umgewandelt werden in die dritte Person.

Die folgende Ballade ist dir vermutlich aus dem Unterricht schon bekannt:

Lesetext

Johann Wolfgang von Goethe
Der Zauberlehrling

Hat der alte Hexenmeister
Sich doch einmal wegbegeben!
Und nun sollen seine Geister
Auch nach meinem Willen leben.
Seine Wort' und Werke
Merkt' ich und den Brauch,
Und mit Geistesstärke
Tu' ich Wunder auch.

Walle! walle
Manche Strecke,
Dass zum Zwecke
Wasser fließe,
Und mit reichem, vollem Schwalle
Zu dem Bade sich ergieße!

Und nun komm, du alter Besen!
Nimm die schlechten Lumpenhüllen!
Bist schon lange Knecht gewesen;
Nun erfülle meinen Willen!
Auf zwei Beinen stehe,
Oben sei ein Kopf,
Eile nun und gehe
Mit dem Wassertopf.

Walle! walle
Manche Strecke,
Dass zum Zwecke
Wasser fließe,
Und mit reichem, vollem Schwalle
Zu dem Bade sich ergieße!

Seht, er läuft zum Ufer nieder;
Wahrlich! ist schon an dem Flusse,
Und mit Blitzesschnelle wieder
Ist er hier mit raschem Gusse.
Schon zum zweiten Male!
Wie das Becken schwillt!
Wie sich jede Schale
Voll mit Wasser füllt!

Stehe! stehe!
Denn wir haben
Deiner Gaben
Vollgemessen! – Ach, ich merk' es!
Wehe! wehe!
Hab' ich doch das Wort vergessen!

Ach, das Wort, worauf am Ende
Er das wird, was er gewesen.
Ach, er läuft und bringt behände!
Wärst du doch der alte Besen!
Immer neue Güsse
Bringt er schnell herein,
Ach! und hundert Flüsse
Stürzen auf mich ein.

Nein, nicht länger
Kann ich's lassen;
Will ihn fassen.
Das ist Tücke!
Ach! nun wird mir immer bänger!
Welche Miene! welche Blicke!

O, du Ausgeburt der Hölle!
Soll das ganze Haus ersaufen?
Seh' ich über jede Schwelle
Doch schon Wasserströme laufen.
Ein verruchter Besen.
Der nicht hören will!
Stock, der du gewesen,
Steh doch wieder still!

Willst's am Ende
Gar nicht lassen?
Will dich fassen,
Will dich halten,
Und das alte Holz behände
Mit dem scharfen Beile spalten.

Seht, da kommt er schleppend wieder!
Wie ich mich nun auf dich werfe,
Gleich, o Kobold, liegst du nieder;
Krachend trifft die glatte Schärfe!
Wahrlich, brav getroffen!
Seht, er ist entzwei!
Und nun kann ich hoffen,
Und ich atme frei!

Wehe! wehe!
Beide Teile
Stehn in Eile
Schon als Knechte
Völlig fertig in die Höhe!
Helft mir, ach! ihr hohen Mächte!

Und sie laufen! Nass und nässer
Wird's im Saal und auf den Stufen.
Welch entsetzliches Gewässer!
Herr und Meister! hör' mich rufen! –
Ach, da kommt der Meister!
Herr, die Not ist groß!
Die ich rief, die Geister,
Werd' ich nun nicht los.

„In die Ecke,
Besen! Besen!
Seid's gewesen!
Denn als Geister
Ruft euch nur zu seinem Zwecke
Erst hervor der alte Meister."

Lies folgenden Versuch einer Inhaltsangabe zum *Zauberlehrling*:

> Als der Hexenmeister fortgegangen ist, möchte sich der neugierige Lehrling auch einmal im Zaubern versuchen. Er traut sich das zu, denn er hat sich alle Lehren des Meisters gemerkt und weiß, worauf es bei der Zauberei ankommt. Mit einem Spruch verzaubert er einen alten Besen, den er zu seinem persönlichen Knecht machen will. Er will nämlich auch einmal Macht über einen Gegenstand oder über eine Person besitzen. Er befiehlt ihm, Wasser zu holen, und der Besen geht tatsächlich los und schafft vom Fluss Wasser herbei. Klar, dass der Junge begeistert ist. Doch schon bald wird es ihm zu viel, denn was soll er schon mit dem ganzen Wasser anfangen? Er wollte ja nur einmal einen Versuch machen. Da merkt er, dass er dummerweise das Wort vergessen hat, mit dem er den Knecht wieder in einen Besen zurückverzaubern kann. Der bringt inzwischen immer neue Krüge mit Wasser herbei und setzt allmählich die ganze Wohnung unter Wasser. Was würde der Meister sagen, wenn er wieder da wäre? Die Verzweiflung des Jungen wächst, er flucht und beschließt, den Besen entzweizuschlagen. Doch hat er damit nicht das Problem gelöst, denn jetzt hat er zwei Knechte, die Wasser holen, und nicht einen. Als er sich in seiner Verzweiflung schon gar nicht mehr zu helfen weiß, kommt glücklicherweise der Meister zurück und verzaubert beide Besen in ihren ursprünglichen Zustand zurück. Der Zauberlehrling soll daraus lernen, dass er keine Dinge tun soll, für die er noch nicht ausgebildet ist.

Übung 37 Verbessere diese Inhaltsangabe nach den dir bekannten Maßstäben und schreibe sie neu.
▶ *Lösung Seite 145*

Übung 38 Merkt man an der Inhaltsangabe, dass es sich um ein Gedicht handelt?
▶ *Lösung Seite 145/146*

Übung 39 Suche aus deinem Lesebuch andere Balladen heraus und fasse sie zusammen. Das ist eine gute Übung für Inhaltsangaben aller Art.
(z. B. Fr. Schiller: *Der Handschuh, Die Bürgschaft;* J.W. v. Goethe: *Der Erlkönig;* Th. Fontane: *Die Brück' am Tay;* A. v. Droste-Hülshoff: *Der Knabe im Moor;* W. Biermann: *Die Ballade von dem Drainage-Leger Fredi Rohsmeisl aus Buckow*)

1.5 Die erweiterte Inhaltsangabe

Oft werden in der Schule so genannte „erweiterte Inhaltsangaben" geübt und auch als Klassenarbeiten geschrieben. Dabei sollst du zeigen und auch schriftlich erklären, dass du einen Text wirklich verstanden hast und nicht nur seinen Inhalt wiedergeben kannst. Diese Aufgaben werden dann in den höheren Klassen im Deutschunterricht immer wichtiger. Dann wird die Zusammenfassung des Inhalts nur noch einen kleinen Teil ausmachen, die Untersuchung des Textes aber einen größeren Teil.
Doch jetzt geht es zunächst nur darum, einige über den bloßen Inhalt hinausgehende Gesichtspunkte eines Textes zu betrachten.

Lies dir die folgende Kurzgeschichte *Die Tochter* von Peter Bichsel durch.

Lesetext

Peter Bichsel
Die Tochter

Abends warteten sie auf Monika. Sie arbeitete in der Stadt, die Bahnverbindungen sind schlecht. Sie, er und seine Frau, saßen am Tisch und warteten auf Monika. Seit sie in der Stadt arbeitete, aßen sie erst um halb acht. Früher hatten sie eine Stunde eher gegessen. Jetzt warteten sie täglich eine Stunde am gedeckten Tisch, an ihren Plätzen, der Vater oben, die Mutter auf dem Stuhl nahe der Küchentür, sie warteten vor dem leeren Platz Monikas. Einige Zeit später dann auch vor dem dampfenden Kaffee, vor der Butter, dem Brot, der Marmelade.
Sie war größer gewachsen als sie, sie war auch blonder und hatte die Haut, die feine Haut der Tante Maria. „Sie war immer ein liebes Kind", sagte die Mutter, während sie warteten.
In ihrem Zimmer hatte sie einen Plattenspieler, und sie brachte oft Platten mit aus der Stadt, und sie wusste, wer darauf sang. Sie hatte auch einen Spiegel und verschiedene Fläschchen und Döschen, einen Hocker aus marokkanischem Leder; eine Schachtel Zigaretten. Der Vater holte sich seine Lohntüte auch bei einem Bürofräulein. Er sah dann die vielen Stempel auf einem Gestell, bestaunte das sanfte Geräusch der Rechenmaschine, die blondierten Haare des Fräuleins, sie sagte freundlich „Bitte schön", wenn er sich bedankte. Über Mittag blieb Monika in der Stadt, sie aß eine Kleinigkeit, wie sie sagte, in einem Tearoom. Sie war dann ein ‚Fräulein' das in Tearooms lächelnd Zigaretten raucht.

Oft fragen sie sie, was sie alles getan habe in der Stadt, im Büro. Sie wusste aber nichts zu sagen. Dann versuchten sie wenigstens, sich genau vorzustellen, wie sie beiläufig in der Bahn ihr rotes Etui mit dem Abonnement aufschlägt und vorweist, wie sie den Bahnsteig entlanggeht, wie sie sich auf dem Weg ins Büro angeregt mit Freundinnen unterhält, wie sie den Gruß eines Herrn lächelnd erwidert. Und dann stellten sie sich mehrmals vor in dieser Stunde, wie sie heimkommt, die Tasche und ein Modejournal unter dem Arm, ihr Parfüm; stellten sich vor, wie sie sich an ihren Platz setzt, wie sie dann zusammen essen würden.

Bald wird sie sich in der Stadt ein Zimmer nehmen, das wussten sie, und dass sie dann wieder um halb sieben essen würden, dass der Vater nach der Arbeit wieder seine Zeitung lesen würde, dass es dann kein Zimmer mehr mit Plattenspieler gäbe, keine Stunde des Wartens mehr. Auf dem Schrank stand eine Vase aus blauem schwedischem Glas, eine Vase aus der Stadt, ein Geschenkvorschlag aus dem Modejournal.

„Sie ist wie deine Schwester", sagte die Frau, „sie hat das alles von deiner Schwester. Erinnerst du dich, wie schön deine Schwester singen konnte?"

„Andere Mädchen rauchen auch", sagte die Mutter.

„Ja", sagte er, „das habe ich auch gesagt."

„Ihre Freundin hat kürzlich geheiratet", sagte die Mutter.

Sie wird auch heiraten, dachte er, sie wird in der Stadt wohnen. Kürzlich hatte er Monika gebeten: „Sag mal etwas auf Französisch." – „Ja", hatte die Mutter wiederholt, „sag mal etwas auf Französisch." Sie wusste aber nichts zu sagen.

Stenografieren kann sie auch, dachte er jetzt. „Für uns wäre das zu schwer", sagten sie oft zueinander.

Dann stellte die Mutter den Kaffee auf den Tisch. „Ich habe den Zug gehört", sagte sie.

Übung 40 ***Warum heißt diese Geschichte wohl „Die Tochter" – die Tochter selbst tritt doch gar nicht darin auf?***

▶ ***Lösung Seite 146***

Übungen

Übung 41 ***Wie würdest du die Stimmung zwischen den Eltern beschreiben?***

▶ ***Lösung Seite 146***

Übung 42 ***Hast du eine Idee, warum die Eltern so viel über ihre Tochter reden? Ist das selbstverständlich?***

▶ ***Lösung Seite 146***

Übung 43 Vergleiche einmal das Leben der Eltern mit dem der Tochter.
▶ *Lösung Seite 146*

Übung 44 Eine Geschichte, in der so gut wie nichts ‚passiert' – schreibe eine kurze Inhaltsangabe zur „Tochter".
▶ *Lösung Seite 146*

Vergleiche deine Inhaltsangabe mit dem folgenden Text:

> Die Kurzgeschichte *Die Tochter* von Peter Bichsel handelt von einem anscheinend älteren Ehepaar, das zu Hause auf seine Tochter Monika wartet. Monika arbeitet in der Stadt in einem Büro, wohnt aber noch bei ihren Eltern. Abends warten die Eltern mit dem Abendessen auf sie. Die Eltern sind offenbar einfache Leute. Der Vater arbeitet in der Fabrik und erhält seinen Lohn wöchentlich, die Mutter scheint nicht berufstätig zu sein. Sie reden insgesamt sehr wenig, und wenn, dann über ihre Tochter. Sie überlegen sich, was sie tagsüber in der Stadt wohl tut, denken aber auch daran, dass Monika eines Tages einmal ausziehen wird.
>
> Die Tochter bedeutet ihnen sehr viel, nicht nur, weil sie ihr Kind ist. Sie ist für die Eltern etwas wie die ‚große Welt', weil sie Dinge kann und tut, die die Eltern nicht können. Am Ende der Geschichte hören sie den Zug kommen, in dem ihre Tochter sitzt.
>
> Die Geschichte hat keinen Spannungsbogen und keinen echten Höhepunkt. Eigentlich handelt es sich gar nicht um eine echte Geschichte, sondern um die Darstellung einer Situation. Der Titel scheint zunächst nicht zu passen, aber nach und nach merkt man, dass die Tochter indirekt doch mitspielt: in den Erzählungen der Eltern. Die Eltern selbst haben sich anscheinend nicht viel zu sagen, denn längere Zeit sitzen sie nur schweigend zusammen, und wenn sie sich unterhalten, dann nur über ihre Tochter. Die Sätze der Geschichte sind sehr einfach; dadurch entsteht noch stärker der Eindruck, dass die Eltern sich nicht viel zu sagen haben. Auch sind sie nicht mit Namen genannt, d. h., sie sind nichts Besonderes, sie sollen typisch sein auch für andere, man muss sie aber nicht weiter erwähnen. Auch die Tochter selbst, Monika, ist nur einmal mit ihrem Namen genannt. In der Geschichte erfährt man gar nicht, wie sie wirklich ist, sondern nur, was die Eltern über sie denken.

Für die Eltern bedeutet Monika offenbar so etwas wie die ‚große, weite Welt'. Sie ist in ihren Augen eine moderne Frau, die in der Öffentlichkeit raucht und selbstbewusst auftritt. Sie versteht etwas von Mode und hat Geschmack, was man den Einrichtungsgegenständen ihres Zimmers entnehmen soll: „eine Vase aus blauem schwedischen Glas, eine Vase aus der Stadt, ein Geschenkvorschlag aus dem Modejournal". In ihrer Lebensweise und ihren Interessen stellt sie anscheinend das genaue Gegenteil ihrer Eltern dar.
Die Sprache der Geschichte enthält keine besonders ausdrucksstarken Wörter. Der Satzbau ist einfach, ohne Schachtelsätze und viele Nebensätze. Dadurch entsteht ein ruhiger Eindruck, der die Stimmung der Eltern wiedergibt. Zugleich wirkt die Geschichte dadurch auch traurig. Trotzdem hat mir die Geschichte gefallen, denn sie beschreibt sehr gut, wie Eltern und Kinder manchmal aneinander vorbeileben und wie einsam Menschen manchmal sein können.

Übungen

Übung 45 Unterstreiche oder schreibe stichwortartig heraus, welche Informationen der Text über die Inhaltsangabe hinaus enthält.
► *Lösung Seite 146*

Übung 46 Formuliere die Fragen, auf die diese Informationen antworten. (Damit hast du schon die entscheidenden Gesichtspunkte der ‚Erweiterung' herausgefunden.)
► *Lösung Seite 146*

Übung 47 Vervollständige den folgenden Merkkasten auf Seite 32/33, indem du die folgenden Begriffe einfügst:
► *Lösung Seite 147*

Einleitung – Perspektive – ausdrucksstarker Wörter – einfache Sprache – Höhepunkt – Schluss – Ausrufesätzen – begründete Meinungsäußerung – Ich-Perspektive – Wortwahl – allwissenden Erzähler – lange, verschachtelte Satzgefüge – Satzbau

Bei der erweiterten Inhaltsangabe geht es nicht nur um die Zusammenfassung des Textes, sondern um das Verständnis. Dabei wird der Zusammenhang zwischen der Gestaltung des Textes und seinem Inhalt untersucht. Achte auf folgende Einzelheiten:

Frage zunächst nach dem Aufbau des dir vorliegenden Textes. Bis wohin geht die ________________ und was erfährt man darin? Ist ein ________________ erkennbar und wie ist er gestaltet? Was wird dabei besonders herausgehoben? Welche Aussage trifft der ____________ ?

Wichtig ist auch die Frage, aus welcher Sicht erzählt wird (_________ _____________). Es gibt die ______________ oder den __________ __________ , der nicht direkt an der Handlung beteiligt ist (auktoriale Perspektive). Hat die Perspektive eine Bedeutung für den Inhalt? Wird sie vielleicht sogar einmal gewechselt?

Bei der sprachlichen Gestaltung kommt es vor allem auf die _______ ________ und den ______________ an. Der Gebrauch _________ ________ oder eine Häufung von Adjektiven und Adverbien können eine Stelle herausheben oder eine Person anschaulich beschreiben. Umgekehrt kann eine besonders ________________ auch eine traurige Stimmung erzeugen.

________________________________ drücken oft aus, dass etwas besonders kompliziert ist. Eine Häufung von ____________________ deutet auf Aufregung hin. Einfache, nebeneinandergestellte Sätze erzeugen einen gleichmäßigen und höhepunktlosen Eindruck.

Am Ende der erweiterten Inhaltsangabe kann eine _______________ _____________ stehen. Der Leser deines Textes sollte jetzt verstehen, warum dir die Geschichte oder das Gedicht gefällt oder nicht.

Achtung: Pass auf, dass du nicht einfach nur Merkmale aufzählst. Das allein sagt ja noch nichts darüber aus, dass du die Geschichte verstanden hast. Achte immer darauf, welche Wirkung damit verbunden sein könnte.

Also nicht:

Die Geschichte enthält viele kurze Sätze. Es fallen keine besonderen Wörter auf ...

Sondern:

Die vielen kurzen Sätze und die einfache Wortwahl bringen zum Ausdruck, dass die Geschichte keinen echten Höhepunkt hat. So entsteht eine traurige Stimmung ...

Anja hat zu der Geschichte *Jenö war mein Freund* folgende korrigierte Klassenarbeit geschrieben. Prüfe, ob sie alle Anforderungen an die erweiterte Inhaltsangabe erfüllt hat.

Die Kurzgeschichte *Jenö war mein Freund* von Wolfdietrich Schnurre handelt von zwei Jungen, die sich kennen lernen und langsam Freunde werden.

Die Geschichte ist in der Ich-Perspektive geschrieben worden und
A beginnt mit der Selbstdarstellung. Der neunjährige Junge und der
achtjährige Jenö machen sich bekannt. Jenö wird als ein Lausbub
beschrieben und darf alles machen, was ihm in den Sinn kommt.
Nach ein paar Wortwechseln trennen sie sich und machen einen
A neuen Treffpunkt aus. Der Vater des Jungen hat Bedenken
wegen Jenö, aber der Junge darf ihn trotzdem einladen. Nach
dem Besuch bemerkt die Familie, dass Jenö gestohlen hat. Der
A Junge nahm sich vor, das Gestohlene wiederzuholen. Beim nächsten Treffpunkt bekommt er jedoch ein wunderbares Geschenk mitgebracht, so dass er gar nicht mehr auf das Gestohlene zu sprechen kommt. Er besucht Jenö und seine Familie mehr als die Schule. Daraus könnte man schließen, dass dem Jungen Jenö sehr viel bedeutet. Er lernt auch Jenös Oma kennen und findet sie auf Anhieb sympathisch.

Der Junge lernt nach der Igeljagd von Jenö, wie man Igel schmackhaft macht. Aber auch sehr viel mehr. Der Vater unterstützt Jenö und seine Familie, indem er die ganzen Beschwerden der Leute über sie abbiegt. Jenö klaut immer mehr, sogar die Eisenbahn des Jungen.

Gr Und dann geschah es; die ganze Truppe von und mit Jenö ist von
Gr Gr der SA und der SS umstellt worden und wurde abgeholt. Jenös
Gr Familie sieht sehr traurig aus. Nur Jenö selbst begriff nicht, was da
A Gr vorgeht. Er war zu jung und er auch.

An diesem Schluss könnte man noch erkennen, dass die Freundschaft nun zu Ende ist, denn der Junge sagte noch: „Jenö war mein Freund."

Es gibt keinen richtigen Schluss. Der Leser kann frei entscheiden, was aus den beiden Jungen wird.

S. O. Der Junge wird durch eine Selbstdarstellung beschrieben. Im Text ist sehr viel wörtliche Rede vorhanden. Der Junge kommt aus einem feineren Hause als Jenö. Dieses erkennt man an der Redeweise des Vaters, und der Junge sagt selbst, dass er nicht rauche, weil er zu jung sei. Jenö hingegen hat damit schon Erfahrung. Der Text ist in einer chronologischen Reihenfolge geschrieben. Ab und zu sind noch Rückblenden. Die Bildhaftigkeit ist eigentlich gut. A A

Man kann sich gut alles vorstellen: „... Lehmkugeln langsam zu singen begannen." Die Geschichte spielt im politischen Kampf gegen ‚rassische Feinde'.

Ü Übungen

Übung 48 Eine Kritik an der Arbeit lautete, dass Anja die Hauptaussage der Kurzgeschichte nicht deutlich genug auf den Punkt gebracht hat. Formuliere die Hauptaussage und setze sie an der passenden Stelle der Inhaltsangabe ein.
▶ *Lösung Seite 147*

Übung 49 In der Arbeit ist die Charakterisierung des Vaters zu schwach ausgefallen. Ergänze sie! Wo würdest du sie in den Aufsatz einfügen?
▶ *Lösung Seite 147/148*

Übung 50 Bei einer Inhaltsangabe kommt es auf genauen Ausdruck und korrekte grammatische Form an. Verbessere dazu die unterstrichenen Grammatik- und Ausdrucksfehler.
▶ *Lösung Seite 148*

Übung 51 Wo wird auf erzähltechnische Details (Erzählperspektive etc.) und wo wird auf andere gestalterische Einzelheiten der Geschichte eingegangen? Fasse alle erzähltechnischen Beobachtungen Anjas zu einem zusammenhängenden Abschnitt zusammen und ergänze sie durch eigene Beobachtungen.
Wo würdest du den Abschnitt in deiner Inhaltsangabe unterbringen?
▶ *Lösung Seite 148*

Übung 52 Am Schluss macht Anja eine wichtige Beobachtung zur ‚Erweiterung', indem sie auf das Thema des Rassismus hinweist. Formuliere diesen Gedanken, den Anja nur angedacht hat, aus. Inwiefern spielt in der Geschichte Rassismus eine Rolle und was ist wohl die Meinung des Autors bzw. die Botschaft der Geschichte?
▶ *Lösung Seite 148/149*

Übungen

Übung 53 *Schreibe, diesen Gedanken berücksichtigend, einen neuen Schluss zu der Inhaltsangabe.*

► *Lösung Seite 149*

Übung 54 *Verfasse selbst eine erweiterte Inhaltsangabe zu „Jenö war mein Freund". Sie sollte ca. 2 Seiten lang sein. Lasse dir ca. 45 Minuten Zeit dafür.*

Übung 55 *Dein Deutschbuch enthält sicher noch mehr Kurzgeschichten, z. B. von Wolfdietrich Schnurre, Marie-Luise Kaschnitz, Herbert Malecha, Ilse Aichinger, Günter Weisenborn und anderen. Trainiere an diesen Geschichten das Zusammenfassen von Inhalten und die Erweiterung.*

2. Die Beschreibung eines Fotos oder Bildes

Marco ist neu in der Klasse 7c. Alex fragt ihn, wo und wie er gewohnt hat, bevor sie umgezogen sind, doch Marco weiß zunächst, vermutlich aus Schüchternheit, nicht viel zu antworten: „Das Haus, in dem wir gewohnt haben, war groß und hell."

Übungen

Übung 56 Warum ist Alex mit dieser Erklärung vermutlich nicht zufrieden? Überlege, was Alex eigentlich wissen wollte.
▶ *Lösung Seite 150*

Übung 57 Was könnte Marco ergänzen, damit Alex sich besser vorstellen kann, wo er vorher gelebt hat?
▶ *Lösung Seite 150*

Oft sollen wir beschreiben, wie etwas aussieht, etwa ein Haus, eine Landschaft, eine Person. Die Grundlagen dafür hast du bereits in der 5. und 6. Klasse gelernt:

Info

- genaue, sachliche Sprache
- Fachausdrücke verwenden
- falls möglich, Zweck erklären
- Zeitform: Präsens

All diese Dinge gelten für die Bildbeschreibung auch. Etwas komplizierter wird es nur dadurch, dass auf Bildern oft viele Dinge nebeneinander zu sehen sind und man herausbekommen muss, was nun eigentlich dem Künstler am wichtigsten war. Oft sind Fotos wie Zeichnungen und Gemälde künstlerische Werke und mit einer bestimmten Aussageabsicht verbunden, die nicht so einfach herauszubekommen ist. Es reicht nicht aus, die Dinge, die zu sehen sind, aufzuzählen. Man muss auch darauf achten, in welchem Zusammenhang sie zueinander stehen. Und dann soll man noch sprachlich zwischen dem, was man sieht, und dem, was man als Aussage vermutet, unterscheiden.

Daher kannst du dir jetzt die wichtigsten Schritte zu einer gelungenen Bildbeschreibung, die nicht nur im Deutsch-, sondern auch im Kunstunterricht immer wieder auf der Tagesordnung steht, erarbeiten.

2.1 Erste Übung: Genaues Hinsehen

Im Alltag sind wir gewohnt, Bilder oft nur zu ‚überfliegen'. Wir nehmen sie viel schneller auf als Texte, dafür natürlich nicht so gründlich. Überlege einmal, wie viel Bilder du tagtäglich siehst, in Büchern, in Zeitschriften und – im Fernsehen. Jetzt sollst du zunächst einmal versuchen, etwas länger hinzuschauen.

Übung

Übung 58 *Betrachte das folgende Bild gründlich. Achte darauf, was alles zu sehen ist. Präge dir die Einzelheiten ein, schlage dann das Buch zu und schreibe auf, was dir in Erinnerung geblieben ist.*

Übungen

Übung 59 *Sieh dir nun das Bild noch einmal an und vergleiche es mit deiner Aufzählung. Bestimmt hast du die eine oder andere Einzelheit vergessen. Ergänze sie.*

Übung 60 *Wie schon gesagt, eine Auflistung dessen, was zu sehen ist, ist noch keine Bildbeschreibung.*
Versuche ein paar Fragen zu formulieren, die durch die Aufzählung der Gegenstände noch nicht beantwortet sind (entweder zum Bild selbst oder allgemein), z. B.
▶ *Lösung Seite 150*

Wo könnte das Foto aufgenommen sein?
Was fällt beim Betrachten zuerst auf?

Übung 61 Versuche abschließend, eine Überschrift zu dem Bild zu finden.
▶ *Lösung Seite 150*

Zu dem oben abgedruckten Bild fanden sich in Aufsätzen folgende Aussagen:

a) „Das Foto verrät viel über die Lebensbedingungen von Kindern in der Großstadt. Sie müssen, weil es wenig Spielplätze und Grünanlagen gibt, auf der Straße spielen. So will uns das Bild zeigen, wie gut es Kinder haben, die nicht in der Großstadt aufwachsen und in natürlicher Umgebung spielen können."

b) „Auf dem Bild sind nur wenige Erwachsene zu sehen. Sie sind anscheinend froh, die Kinder einmal für einen Moment abgegeben zu haben. Für das Spiel der Kinder interessieren sie sich nicht, sondern sie treffen lieber Freunde oder beschäftigen sich mit anderen Dingen."

c) „Im Vordergrund steht ein Mädchen, das sich nicht an dem Spiel beteiligt, sondern nur zuschaut. Wahrscheinlich haben es die anderen Kinder ausgeschlossen, und es wird darüber traurig sein."

Übung 62 Alle Gesamteindrücke beziehen sich erkennbar auf das Foto. Trotzdem weisen sie Mängel und Fehler auf. Kannst du sagen, welche das sind?
▶ *Lösung Seite 150*

Übung 63 Versuche nun, einen eigenen Gesamteindruck zu formulieren! Wenn es dir leichter fällt, kannst du dich an den folgenden Begriffen orientieren:
▶ *Lösung Seite 150*

Kinderfest - Spiel - großes Tuch - Straße - Sommer - Sonnenschirm - Sitzbank - Spaß.

Übung 64 Nachfolgend sind zwei weitere Fotos abgedruckt. Gehe bei ihnen in der im Merkkasten auf der übernächsten Seite beschriebenen Weise vor. Mache dir zunächst Stichworte und verbinde sie dann zu einem zusammenhängenden Text.
▶ *Lösung Seite 150/151*

Ziel der Bildbeschreibung ist es,

→ 1. den Inhalt eines Bildes oder einer Fotografie so genau wie möglich wiederzugeben,

→ 2. die Stimmung und die inhaltliche Aussage eines Bildes zu erfassen und auszudrücken.

Bei der Bildbeschreibung geht man folgendermaßen vor:

- Erfassen der auf dem Bild zu erkennenden Gegenstände oder Personen;
- Bestimmen des ‚Blickfangs', d. h. dessen, was der Fotograf ins Zentrum des Bildes (was nicht unbedingt die Bildmitte sein muss) gerückt hat;
- geometrische Gestaltung (Bildaufteilung);
- farbliche Gestaltung und mögliche oder beabsichtigte Wirkung auf den Betrachter;
- inhaltliche Zuordnung der anderen Gegenstände zum ‚Blickfang';
- Formulierung einer inhaltlichen Aussage oder möglichen Absicht des Fotografen oder Malers.

Für die Bildbeschreibung ist ein genaues Hinsehen und Beschreiben erforderlich, vor allem wenn es um die Darstellung von Menschen geht. Du darfst also nicht nur angeben, dass auf dem Bild zehn Kinder zu sehen sind. Beschreibe auch, welchen Eindruck sie machen, ob sie lustig oder traurig sind, ob sie spielen oder anders beschäftigt sind, wie alt sie ungefähr sind etc. Achte auf Auffälligkeiten. Überlege dir vor allem eine Gesamtaussage.

2.2 Gemälde und Zeichnungen beschreiben

Zu welchem Zweck soll man eigentlich gemalte Bilder beschreiben? Deutsch ist doch kein Kunstunterricht!
Nun, ein wichtiger Grund ist damit schon genannt. Die Bildbeschreibung ist auch fester Bestandteil des Kunstunterrichts. Allerdings geht es dort um künstlerische Einzelheiten. In Deutsch soll es mehr darum gehen, den guten und genauen Ausdruck zu trainieren, Inhalte mit Aussagen zu verbinden und sich über eine Gesamtaussage Gedanken zu machen. Schließlich ist es noch ganz gut, wenn man sagen kann, warum einem dieses oder jenes Bild gefällt oder nicht.
Im Grunde ist das Vorgehen bei der Beschreibung eines Gemäldes ähnlich wie bei der eines Fotos. Ein entscheidender Unterschied besteht allerdings darin, dass Fotos uns (meistens) die Dinge zeigen, wie sie sind, Gemälde aber immer einen eigenen Stil haben. Maler verwenden oft bestimmte Farben und Symbole.
Bei der Beschreibung eines Bildes ist auch darauf zu achten, inwieweit es realistisch oder verfremdet, also nicht genau der Wirklichkeit entsprechend, gemalt ist. Liegt eine starke Verfremdung vor, muss man sich die Frage stellen, warum der Künstler zu diesem Mittel gegriffen hat.

Überlege dir vorher, wie du bei deiner Beschreibung vorgehen willst. Du kannst

- vom Auffälligen (Blickfang) zum weniger Auffälligen,
- von links nach rechts, oben nach unten oder umgekehrt,
- von der Mitte zum Rand oder
- vom weniger Auffälligen zum Zentrum des Bildes vorgehen.

Sinnvoll ist es aber, das Auffällige, etwa in Form einer Kernaussage, zunächst zu benennen, damit der Leser gleich Bescheid weiß, worum es geht, und am Schluss wieder darauf zurückzukommen, getreu der Regel: Das Wichtigste am Schluss.
Wenn du mit dem einen oder anderen Bildgegenstand nichts anfangen kannst, notiere es dir stichwortartig und versuche später noch einmal, es zu klären. Über das Inhaltliche hinaus kannst du dir mit einer kleinen Checkliste helfen:

Checkliste für die Bildbeschreibung

- Ist eine bestimmte Farbe auf dem Bild vorherrschend?
- Kann man eine geometrische Einteilung erkennen?
- Welche Personen oder Gegenstände stehen im Vordergrund?
- Sind einige Personen oder Gegenstände unnatürlich gemalt, also anders, als sie normalerweise aussehen (Verfremdung)?
- Wie bezieht sich der Titel auf das Bild?
  Wenn kein Titel bekannt ist – wie würde ich das Bild nennen?
- Gibt es irgendeine verschlüsselte Darstellung (Symbol)?
- Habe ich ein ähnliches Bild schon einmal gesehen?
- Hat das Bild einen einheitlichen Gedanken?

Was die Farben betrifft, so lassen sich natürlich keine allgemein verbindlichen Aussagen machen. Und nicht jeder Tropfen Rot ist gleich von ungeheurer Bedeutung. Dennoch kannst du etwas über die grundlegende Bedeutung einiger Farben lernen.

Übung 65 Ordne den folgenden Farben die passenden Sinneseindrücke zu:

Rot	Offenheit, Weite
Blau	Hitze, Anstrengung
Grün	Wärme, Aufregung, Aggressivität
Gelb	Leben, Wachstum, Ruhe

► *Lösung Seite 151*

Übung 66 Sieh dir nun gründlich das Bild „Rugbyspieler" von Max Beckmann an. Versuche eine erste Beschreibung des Bildes und versuche auch, Einzelheiten zu deuten.

Max Beckmann:
Rugbyspieler

2.3 Vermutungen von Tatsachen unterscheiden

Übung 67 *Trenne in den folgenden Beispielsätzen (zu Max Beckmann: „Rugbyspieler") die Beobachtungen und Feststellungen von den Vermutungen, indem du beide mit verschiedenen Farben unterstreichst.*
▶ *Lösung Seite 151*

Übung

1. Auf dem Bild sind fünf ineinander verkeilte Rugbyspieler zu sehen. Es könnte sich also um eine Spiel entscheidende Situation handeln.

2. Der untere Spieler an der Stange scheint die Augen geschlossen zu haben und das Gesicht macht einen abwesenden Eindruck.

3. Im Hintergrund sind ein höheres Haus und eine Stahlkonstruktion zu erkennen, die Szene scheint also in einer größeren Stadt zu spielen. Das passt, wie ich finde, auch zur Sportart Rugby, die vor allem in Großstädten betrieben wird.

4. Ein Spieler schaut den anderen aus dem Hintergrund zu. Hat er den Ball verloren gegeben oder nur einfach keine Lust, sich einzumischen?

5. Arme und Beine der Spieler sind ziemlich kräftig gemalt – vielleicht ist das ein Zeichen dafür, dass Rugby ein sehr anstrengender Sport ist.

6. Die Hände von drei Spielern greifen ins Leere, und ein Spieler umklammert einen anderen. Wenn ich mir das ganze Bild ansehe, könnte es über die Sportszene hinaus ein Zeichen für die Vergeblichkeit des menschlichen Bemühens und für die Verzweiflung sein. Dann wäre das ganze Bild eine übertragene Darstellung des menschlichen Lebenskampfes.

Übung 68 *Durch welche Wörter wurden die Vermutungen sprachlich ausgedrückt. Schreibe sie aus den Sätzen heraus.*
▶ *Lösung Seite 151*

Übung

Immer wenn du Texte interpretierst oder Bilder beschreibst, kommt es darauf an, die Beobachtungen, die du machst, mit eigenen Vermutungen über die Aussage und Bedeutung zu verbinden. Dann kannst du am Ende deine eigene Meinung gut begründen, und das Ziel deiner Deutung des Textes oder des Bildes ist erreicht.
Nun sind aber Vermutungen und Beobachtungen nicht ein und dasselbe. Beobachtungen sind Tatsachen, die von niemandem in Zweifel gezogen werden können. Bei Vermutungen ist das anders. Selbst wenn vieles für die entsprechende Vermutung spricht – ganz sicher kann man sich nur selten sein. Deshalb musst du deine Vermutungen auch sprachlich von den Beobachtungen und Feststellungen trennen, damit man immer weiß, wo deine eigene Meinung beginnt und man sich dann überlegen kann, ob man ihr zustimmen möchte. Ob Aussagen auf jeden Fall wahr, wirklich und richtig oder ob sie nur möglich, unwahrscheinlich und vermutet sind, bringt man mit den Mitteln der Modalität zum Ausdruck. Das kann auf ganz verschiedene Weise geschehen, nämlich

- durch Modalwörter,
- durch den Gebrauch einiger Modalverben,
- durch den Gebrauch des Konjunktivs,
- durch Fragen oder
- durch den Gebrauch von Einschränkungsfloskeln.

Es ist schon deshalb wichtig, die eigenen Vermutungen und Gedanken sprachlich zu kennzeichnen, denn sie stellen deine eigentliche Denkarbeit im Aufsatz dar. Und je deutlicher dieser Anteil wird, desto besser für deinen Aufsatz.

Zu den verschiedenen Möglichkeiten, Vermutungen und eigene Gedanken sprachlich zu kennzeichnen, bekommst du jetzt noch ein paar Erklärungen und Übungsmöglichkeiten.

Modalwörter können den Inhalt einer Aussage sowohl verstärken als auch herabsetzen oder verneinen. Für die Interpretation und die Bildbeschreibung sind vor allem die Modalwörter von Bedeutung, die eine Vermutung zum Ausdruck bringen oder einen Zweifel zulassen:

anscheinend, augenscheinlich, offenbar, offenkundig, offensichtlich, scheinbar, sicher, sicherlich, bestimmt, wohl, vielleicht, vermutlich, möglicherweise, mutmaßlich, wahrscheinlich, (schwerlich, kaum)

Von den sechs Modalverben sind besonders können, sollen und dürfen geeignet, den Vermutungscharakter einer Aussage zum Ausdruck zu bringen:

„Damit könnte gemeint sein, dass ..."
„Der Gesichtsausdruck soll zum Ausdruck bringen, dass ..."
„Aus der Körperhaltung dürfte hervorgehen, dass ..."

Der Vermutungscharakter wird noch unterstrichen, wenn die Formen des Modalverbs im Konjunktiv II stehen (vgl. o.). Gelegentlich stehen auch Formen des Vollverbs im Konjunktiv:

„Als übertragene Darstellung wäre das ganze Bild ein Symbol für den menschlichen Lebenskampf."

„Würde er sich über den gewonnenen Punkt freuen, würde der vordere Spieler nicht so abwesend blicken."

Zwei andere Mittel, Vermutungen sprachlich zu kennzeichnen, sind

- Fragen
  („Empfindet er, als er den Ball über die Latte wirft, gar keine Freude?")

  und

- die Kennzeichnung der Vermutung als persönliche Ansicht
  („Mir scheint das Bild ein Symbol für den Lebenskampf zu sein.")

Übung

Übung 69 *Formuliere unter Zuhilfenahme der genannten Möglichkeiten eigene Interpretationssätze mit den folgenden Bestandteilen:*
▶ *Lösung Seite 151*

→ 1. Abfall und Programmzettel im Vordergrund → Großstadt

→ 2. obere Spieler stehen auf den unteren → Härte des Spiels

→ 3. Blauton → Kälte

→ 4. Hände ringen → um Hilfe rufen

→ 5. Konzentration des oberen Spielers → keine richtige Freude am Spiel

→ 6. Personen beherrschen Bild → teilweise bedrohlicher Eindruck

2.4 Mehr Genauigkeit und Vielseitigkeit im Ausdruck!

Bei Bildbeschreibungen kommt es in besonders starkem Maße auf einen genauen und zugleich abwechslungsreichen Ausdruck an. Das betrifft sowohl die Bestimmung der einzelnen Gegenstände und ihrer ‚Standorte' auf dem Bild als auch die genaue Beschreibung dieser Gegenstände mit verschiedenen Mitteln.

Wenn du beschreibst, wo sich etwas auf einem Bild befindet, um dem Leser einen äußeren Eindruck vom Bild zu geben, achte auf eine möglichst genaue und vielfältige Wortwahl. „Rechts, links, oben, unten" sind stellenweise recht ungenaue und in der Wiederholung auch langweilige Ortsangaben. Verwende Präpositionen, um die Gegenstände miteinander in Beziehung zu setzen.

Übung 70 *Verbessere auch ohne Kenntnis des betreffenden Bildes die folgende Bildbeschreibung mit Hilfe der genannten Formulierungen (die du natürlich noch ergänzen kannst)!*
▶ *Lösung Seite 151/152*

Übung

Oben sieht man blauen Himmel. In der Mitte ist ein großes gelbes Kornfeld zu sehen. Mitten im Bild steht ein großer blauer Karren. Links in der Mitte ist ein Heuhaufen zu sehen, rechts befindet sich ein Haus. Unten sind zwei grüne Felder und ein Zaun. Ganz unten steht Korn. (...)

am rechten Bildrand — links davon
in der unteren Hälfte
der Bildmittelpunkt — im Hintergrund
der Blickfang
hinten rechts — am Rand des Feldes
vor dem Haus — auf dem Heuhaufen
im Feld — vorn links

Damit sich dein Leser das Bild richtig vorstellen kann, musst du es so anschaulich wie möglich beschreiben. Verwende genau charakterisierende Adjektive zur näheren Beschreibung, freilich ohne zu übertreiben. Auch Farben können näher beschrieben werden („sanftes Grün", „stechendes Gelb", „hellblau" usw.).

Übung 71 *Suche dir aus deinem Deutschbuch oder aus einem Kunstbuch ein möglichst farbenprächtiges Bild heraus und beschreibe es. Achte dabei besonders auf die Farben und ihre Bedeutung für die Aussage!*

Übung

Ein weiteres Mittel zur genaueren Beschreibung ist die Verwendung von Nebensätzen, besonders von Relativsätzen. Aber auch adverbiale Nebensätze können Gegenstände, Personen oder Zusammenhänge näher erläutern und bringen Farbe in die Darstellung, z. B.

> *„Obwohl er den Ball gleich über die Latte werfen wird, freut sich der obere Spieler offensichtlich nicht über den Punkt."*

> *„Entweder weil er Schmerzen hat oder weil ihm alles zu viel wird, schließt der untere Spieler die Augen und wirkt geistesabwesend."*

Übung 72 *Versuche weitere Zusammenhänge aus dem Bild „Rugbyspieler" von Max Beckmann (wie sie in Kap. 2.3 schon aufgezeigt wurden) mit Adverbialsätzen auszudrücken.*
▶ *Lösung Seite 152*

Soweit möglich, beschreibe nicht nur einfach, was du siehst und was es bedeuten könnte – das wirkt schnell langweilig. Wenn das Bild Menschen zeigt, schreibe direkt auf, was sie tun und was sie denken könnten (Achtung: Dabei handelt es sich um Vermutungen!) oder in welcher Beziehung sie zu anderen Bildgegenständen stehen, z. B.

> *„Die Rugbyspieler sind übereinander geschichtet wie eine Pyramide. Der unterste sieht abwesend und traurig aus. Sind es die Schmerzen, die ihm während des Spiels zugefügt wurden, oder hat er einfach schon das Spiel verloren gegeben? Aber ein Spieler seines Teams macht doch anscheinend gerade einen Punkt. Der untere schwarze Spieler streckt seine Hand nach seinem Mannschaftskameraden über ihm aus. Vielleicht ruft er um Hilfe, aber der über ihm Stehende scheint ihn nicht zu hören. (...)"*

Übung 73 *Setze die Beschreibung des Bildes „Rugbyspieler" in dieser Form fort. Sieh dir die Spieler genau an, versuche, dich in sie hineinzuversetzen und schreibe auf, was sie tun oder denken könnten und wie sie miteinander in Beziehung stehen.*
▶ *Lösung Seite 152*

Vergleiche nun abschließend die beiden Bildbeschreibungen zu dem Gemälde *Rugbyspieler* von Max Beckmann:

Das Bild Rugbyspieler von Max Beckmann zeigt in genauer und zugleich übertriebener Wiedergabe eine Szene aus einem Rugbyspiel.
Den Hauptteil des längsformatigen Bildes nehmen fünf ineinander verkeilte Rugbyspieler ein. Sie gehören verschiedenen Mannschaften an und sind durch schwarze und weiße Trikots voneinander zu unterscheiden. Im Hintergrund steht noch ein sechster Mann, der den Kämpfenden zusieht. Vielleicht handelt es sich um den Schiedsrichter, denn er ist blau gekleidet. Den Bildhintergrund bilden der blaue, mit einigen weißen und einer dunklen Wolke bedeckte Himmel sowie der grüne Rasen des Spielfelds. Senkrecht ins Bild hinein ragt eine kräftige blau-weiß gestreifte Stange, vermutlich eine Torstange; knapp unter- und oberhalb der Bildmitte kommt vom rechten Rand eine Art Gittermuster ins Bild, dessen Bedeutung nicht ganz klar ist. In der Bildmitte hinten ist ein größeres Haus zu sehen, im Vordergrund liegen einige Gegenstände.
Die Rugbyspieler sind übereinandergeschichtet wie eine Pyramide. Oben befindet sich ein Spieler der ‚Weißen' mit dem Ball in den Händen und zu einem Wurf über die Stange ansetzend. Darunter kommen zwei schwarz gekleidete Spieler, die versuchen, ihm den Ball abzujagen. Unten stehen bzw. knien zwei der ‚Weißen', von denen sich einer an der Torstange festhält und der andere

Der größte Teil des Bildes wird von fünf Rugbyspielern eingenommen. Sie gehören zu zwei verschiedenen Teams, den ‚Weißen' und den ‚Schwarzen', und kämpfen um den Ball. Hinten steht noch ein Spieler. Oder ist es der Schiedsrichter? Jedenfalls ist er nicht bei dem Handgemenge dabei. Er schaut bloß zu. Im Hintergrund ist ein Haus zu sehen. Es ist anscheinend größer. Der Himmel, der zwei Drittel des Bildes einnimmt, ist blau mit kleinen weißen Wolken. Der Rasen ist grün. In der Mitte ist eine komische Gitterkonstruktion zu sehen, von der man nicht weiß, was sie bedeuten soll.

Die Spieler kämpfen mit großem Einsatz. Wahrscheinlich ist es ein wichtiges Spiel. Momentan hat Weiß den Ball und ist dabei, ihn über die weiß-blaue Stange zu werfen. Damit hat das Team einen Punkt gemacht. Komisch ist, dass die Spieler und auch die Person im Hintergrund Mützen oder Kappen auf haben. Das ist bei den meisten Sportarten nicht üblich. Es wird sich wohl um Schutzhelme handeln. Ein Spieler vorn hat seinen Helm verloren und versucht, ihn wieder zu ergreifen.
Im Vordergrund liegt ein Programmzettel.
Wie das Spiel ausgegangen ist, kann man nicht sagen. Das Bild zeigt eine Szene mitten aus dem Spiel.

den unteren Spieler der ‚Schwarzen' umklammert und festhält. Die Blicke der beiden ‚Schwarzen' gehen zum Ball, aber ihre Hände greifen ins Leere. Das Gesicht des oberen von ihnen, das recht genau gemalt ist, sieht traurig und melancholisch aus. Hat er den Punkt oder gar das gesamte Spiel schon verloren gegeben? Dazu passt auch die Handbewegung seines Mannschaftskameraden, dessen Gesichtsausdruck nicht zu erkennen ist. Er streckt seine Hände nach oben aus, so dass es aussieht wie ein Hilferuf oder eine Abwehrbewegung. Er möchte, das verrät die Stellung seiner Beine, nach oben springen, doch er kann nichts erreichen.

Auch die Spieler der ‚Weißen' spiegeln in Mimik, Gestik und Körperhaltung die Härte des Spiels wider. Der obere Spieler – aus dem Bild geht nicht hervor, ob er springt oder auf den Schultern eines anderen Spielers steht – konzentriert sich auf seinen Wurf. Sein Gesichtsausdruck lässt keinerlei Freude oder Begeisterung erkennen. Der unten kniende Spieler, der sich an der Torstange festhält, hat seine Augen geschlossen, den Mund leicht geöffnet; insgesamt spiegelt sein Gesicht die Erschöpfung wider, die ein solches Spiel mit sich bringt. Er sieht abwesend und traurig aus. Sind es die Schmerzen, die ihm während des Spiels zugefügt wurden, oder hat er die Partie einfach schon verloren gegeben? Aber ein Spieler seines Teams macht doch gerade einen Punkt, doch das bekommt er anscheinend nicht mit. Mit einer Hand hält er sich an der Torstange fest, sonst würde er vermutlich ganz zu Boden gehen; mit der anderen greift er nach seinem am Boden liegenden Schutzhelm, doch noch hat er ihn nicht fest gefasst. Vor dem Helm liegen ein Programmzettel und noch etwas anderes Bedrucktes. Vom letzten Spieler ist das Trikot nicht zu sehen, doch wird es sich um einen der ‚Weißen' handeln, denn er hindert den unteren der beiden ‚Schwarzen' am Sprung. Wenngleich von ihm nur die den Gegner umklammernden Arme zu sehen sind, verrät auch das viel über die Härte des Spiels. Bei allen Spielern fallen die kraftvollen und teilweise übergroß gemalten Gliedmaßen – Finger, Hände, Arme, Ober- und Unterschenkel – auf. Über die bloße Tatsache, dass es sich um durchtrainierte Sportler handelt, weist die Darstellung damit auf den mit der Sportart Rugby verbundenen Kräfteeinsatz hin. Im Kontrast zu den Spielern im Vordergrund steht der Mann im Hintergrund, der ihnen zuschaut, aber sich selbst nicht bewegt oder einsetzt. Was mag er sich denken, während er, die Hände in die Hüften gestützt, zusieht? Ob er den Einsatz der Spieler für übertrieben hält, oder bewundert er sie? Das im Hintergrund angedeutete Haus ist ein Indiz dafür, dass das Spiel in einer größeren Stadt stattfindet. Auch das passt zum Rugby, das als rauere Sportart vor allem in den Arbeitervierteln größerer Städte beheimatet ist. Das Bild ist vorwiegend in kalten Farben gehalten: Blau, Weiß, Schwarz sind die dominierenden Farbtöne. Die Arme und Beine der Spieler sind zumeist in einem hellen Beigeton dargestellt, bilden aber keinen Ausgleich zu den kalten Farben. So unterstützt die Farbgebung die Aussage des Bildes. Diese könnte darin bestehen, die Härte des sportlichen Wettkampfes und die Leiden der einzelnen Spieler beim Kampf zum Ausdruck zu bringen. Vielleicht kann man das Spiel auch als ein Bild für das Leben ansehen, das oft ein harter Kampf ist und von den Menschen Opfer verlangt. Auf Grund seiner Ausdrucksstärke gefällt mir das Bild sehr gut, auch wenn die Aussage eher pessimistisch ist und nicht alle Einzelheiten zu erkennen sind.

Übung 74 *Vergleiche beide Beschreibungen. Welche gefällt dir besser? Warum?*
▶ *Lösung Seite 152*

Übung 75 *Wie gehen die Beschreibungen vor? Wo nehmen sie ihren Ausgangspunkt? Was sagen sie über ihren Hauptgegenstand aus?*
▶ *Lösung Seite 152/153*

Übung 76 *Wo verwendet die erste Bildbeschreibung sprachliche Mittel, um den Text interessanter zu machen (Adjektive, Adverbien, Relativsätze, Adverbialsätze, Vermutungen)?*

Übung 77 *Versuche, die zweite Beschreibung mit Hilfe dieser Stilmittel an einigen Stellen zu verbessern (natürlich, ohne von der linken Beschreibung abzuschreiben).*

Übung 78 *Enthalten die Beschreibungen Deutungen, mit denen du nicht einverstanden bist?*
▶ *Lösung Seite 153*

Übung 79 *Formuliere die entsprechenden Stellen so um, dass sie deutlicher als Vermutungen zu erkennen sind.*

2.5 Von den Teilen zum Ganzen

Du hast bis jetzt gelernt, dass eine Bildbeschreibung aus Beobachtungen und eigenen Einschätzungen und Gedanken zusammengesetzt ist. Hinter allem sollten ein Gesamteindruck und eine mögliche Aussage stehen. Den Gesamteindruck kannst du schon am Beginn deines Aufsatzes formulieren; das, was deiner Meinung nach die Aussage ist, kommt am Schluss.

Ein abschließendes Problem besteht in der Zusammenstellung der einzelnen Teile zum Aufsatz.

Viele Bilder enthalten bestimmte Gliederungsprinzipien, die du mit etwas Übung auch erkennen und deuten kannst. In bestimmten ‚Regionen' des Bildes herrschen oft bestimmte Farben vor. Die meisten Bilder haben einen erkennbaren Hauptgegenstand. Wenn du diesen erkennst, kannst du von ihm ausgehen und dich zu den Rändern des Bildes hin bewegen. Dabei kannst du zugleich gut deutlich machen, wie sich einzelne andere Gegenstände auf den Hauptgegenstand beziehen. Ist ein Hauptgegenstand nicht erkennbar, musst du nach einer anderen Gliederungsmöglichkeit suchen, z. B. vom Hintergrund zum Vordergrund oder von links nach rechts.

Nachdem du die einzelnen Bildgegenstände aufgelistet und mit eigenen Eindrücken kommentiert hast, was auf dem Bild zu sehen ist, kannst du es durch Beobachtungen zu Farbe, Licht und Schatten ergänzen. Gibt es eine bestimmte Farbe, die das gesamte Bild oder Teile beherrscht? Hat die Farbe in Bezug auf den Hauptgegenstand eine besondere Bedeutung? Wird der Gegenstand durch die Farbgebung realistisch oder unrealistisch dargestellt? Schafft die Farbe eine besondere Atmosphäre (Gegenüberstellung von ‚kalten' und ‚warmen' Farben)? Gibt es viele farbliche Abstufungen?

Fasse abschließend deine Eindrücke zusammen und gehe nochmals auf das von dir am Anfang deines Aufsatzes vermutete Thema ein.

So kommst du ungefähr zu folgender Gliederung deines Aufsatzes (die zwar nicht verbindlich ist, sich aber bewährt hat):

Info

1. Thema, erster Eindruck
2. Die Bildgegenstände
   - Hauptgegenstand und
   - ‚Durchgehen' des Bildes nach seinen Ordnungsprinzipien;
   - Beschreibung der einzelnen Gegenstände und ihrer Beziehung zueinander
3. Farbe, Licht und Schatten, Darstellungsweise (realistisch oder nicht)
4. Genaue Formulierung der Hauptaussage des Bildes, abschließendes Urteil

Sieh dir abschließend das Bild *Der Hafen von Greifswald* von Caspar David Friedrich an.

Caspar David Friedrich:
Der Hafen von Greifswald
VG Bild-Kunst, Bonn 1997

Übung

Übung 80 Welches ist deiner Meinung nach die Zentralaussage des Bildes? Begründe deine Entscheidung.

► *Lösung Seite 153*

a) Das Bild stellt das rege Treiben in einem Hafen im letzten Jahrhundert dar.

b) Das Bild vermittelt den Eindruck einer ruhigen Abendstimmung, die verbunden ist mit dem Gefühl von Frieden und Schutz.

c) Das Bild ist eine historische Ansicht der Stadt Greifswald in Mecklenburg.

Lies nun den korrigierten Aufsatz, den Thorsten aus der 8. Klasse dazu geschrieben hat.

Caspar David Friedrich: *Der Hafen von Greifswald*

Das Bild *Der Hafen von Greifswald* von Caspar David Friedrich wurde im Jahre 1810 gemalt. Das Bild spiegelt den Abend am Hafen von Greifswald wider. Es wird eine angenehme Ruhe und Stille sichtbar. Das kann man am leichten Wellengang und an den Schiffen und Booten, die im Wasser vor dem Ufer liegen, erkennen.

Im Hintergrund wird die Stadt selbst, die in Grautönen gehalten wurde, sichtbar. Am Horizont sind die einzelnen Farbschichten erkennbar. Vom leichten Lila über Rot, dann Gelb und wieder zum leichten Lila des oberen Bildrandes lässt sich erkennen, dass es sich wahrscheinlich um einen Sonnenuntergang handelt. Die Farbschichten des Himmels schneiden eine Horizontale in das Bild. Die Stadt, d. h. die Kirchen und Türme, schneiden eher vertikal ins Bild. Im Mittelgrund sieht man die ruhenden Schiffe und Boote. Das größte Schiff bildet den Blickpunkt. Seine Segel sind herabgelassen. Die Masten ragen, als eine Vertikale, in den Himmel. An einem der Masten hängt eine wehende rote Fahne. Am linken Rand des Mittelgrundes fährt gerade ein Boot mit erhobenen Segeln den Fluss, der auf die rechte Seite des Mittelgrundes fließt und dort verschwindet, entlang. Der Fluss, der an dieser Stelle verschwindet, wird vom Nebel überdeckt und besitzt eine sehr untypische Farbe des Wassers, Gold-Grau-Schwarz.

A (Der Horizont ist in verschiedenen Farbtönen gehalten)
A (bilden die Horizontale)
A (ragen vertikal ins Bild)
A (vertikal)

Es weht der Wind vom Westen, das wird an den gebäumten Segeln der Schiffe dargestellt. Die Schiffe sind in Brauntönen gemalt worden.
Im Vordergrund sitzen drei Männer, alle mit Hüten, am Ufer. Sie besitzen die Töne Schwarz-Grau. Zwei von ihnen sitzen zusammen am linken Bildrand und heben etwas an, sichtbar wird dies an ihrer Haltung: gekrümmter Rücken, gebeugte Arme, Beine tief in die Erde gedrückt und den Kopf nach einem Boot gehalten. Der Dritte sitzt weiter abseits auf einem kleinen Hügel, den anderen Männern zusehend und einen langen Stock auf seiner Schulter tragend. Hinter ihm steht ein weiterer Stock, ebenfalls mit einer roten Fahne. Am rechten Bildrand erheben sich, in bestimmtem Abstand, zwei weitere Stäbe, die ein Netz halten. Über ihnen liegen dreieckförmige Sandeinschnitte, die in die See ragen. Diese Flächen werden von Steinen umgeben und bilden somit eine Mauer zwischen Land und Wasser.
Dieses Bild zeigt uns, wie Menschen in der Abenddämmerung in Ruhe und Stille arbeiten können. Die Schiffe liegen flach im Wasser und wiegen sich sanft im Wind.
Meine Meinung ist eigentlich positiv. Ich finde die farbliche Gestaltung des Himmels sehr schön wie auch die Stadt, die auf einer Anhöhe steht und nur leicht sichtbar dargestellt wurde. Das größere Schiff brauchte auch nicht so groß gemalt zu werden. Irgendwie zerstört es nur die Abendidylle. Die Menschen im Vordergrund verschmelzen farblich gut mit ihrem Untergrund.

Übungen

Übung 81 Thorsten hat zahlreiche Einzelheiten des Bildes erkannt und sie teilweise auch treffend gedeutet.

Prüfe: Wo stellt er einzelne Bildinhalte dar, wo deutet er diese?

Notiere dir weitere wichtige Einzelheiten, die dir bei der Betrachtung des Bildes auffallen.

Übung 82 Wo bezieht sich Thorsten auf die Gesamtaussage des Bildes?
▶ *Lösung Seite 153*

Übung 83 In der Beurteilung der Arbeit wurde kritisiert, dass Thorsten die einzelnen Bestandteile des Bildes nicht genügend auf die Zentralaussage, das Gefühl von Ruhe und Frieden, bezogen hat, etwa:

> „Der dritte Mann trägt einen längeren Stab über der Schulter. Vielleicht handelt es sich um einen Wachposten im Hafen. Er ist ein Zeichen für Schutz und Frieden, für den anbrechenden Abend und die Nacht. Vielleicht handelt es sich auch um einen zurückkehrenden Bootsmann oder Fischer; auch hier steht das Motiv der Rückkehr für die friedliche Gesamtstimmung des Bildes, was noch verstärkt wird dadurch, dass der Mann allein und in ruhiger Haltung abgebildet ist."

Suche weitere einzelne Bildinhalte, die auf die Zentralaussage bezogen werden können.
▶ *Lösung Seite 153*

Übung 84 Thorstens Arbeit zeigt einige Schwächen im Ausdruck, auf den es bei der Bildbeschreibung in ganz besonderem Maße ankommt. Im ersten Abschnitt sind Verbesserungsvorschläge gemacht. Überlege dir Verbesserungsvorschläge zu den weiteren Ausdrucksfehlern.

Übung 85 Warum ist der Schluss von Thorstens Aufsatz nicht recht gelungen?
▶ *Lösung Seite 154*

Übung 86 Verfasse einen neuen Schluss.

Übung 87 Verfasse nun, ohne die Überarbeitung von Thorstens Aufsatz zu Hilfe zu nehmen, eine eigene Bildbeschreibung zu Der Hafen von Greifswald.

3. Die Schilderung

Janine schreibt ihrer Freundin aus dem Urlaub:

> Es ist wirklich wunderschön hier. Unser Hotel ist ‚erste Sahne': große Zimmer, nicht weit bis zum Strand und äußerst leckeres Essen. Doch wir liegen nicht nur faul am Strand herum, sondern unternehmen auch viel. Gestern haben wir einen Ausflug nach Santa Susanna gemacht, morgen wollen wir auf die andere Seite der Insel fahren. Ich gehe auch gern einmal allein los.
>
> Das ist eine echte Traumlandschaft hier, in der man versinken möchte. Manchmal lege ich mich unter eine Palme und tauche ab. Plötzlich gehe ich durch einen dichten Wald. Riesig hohe Bäume, unheimliches Schreien von für mich unsichtbaren Vögeln. Die Sonne fällt schräg durch das hohe Blätterdach ein und die Strahlen, die durchkommen, wirken wie starke Scheinwerfer. Die feuchte Luft drückt mir fast den Atem ab, und die Geräusche beunruhigen mich: Es kriecht, es zirpt, es schwirrt – die Töne, die aus allen Ecken kommen, schwellen an zu einer richtigen Sinfonie. Vorsichtig gehe ich weiter. Überall bewegt sich etwas. Angst, wenn der Boden mitgeht unter mir. Und dann die Farben, vor allem dieses satte Grün.
>
> Plötzlich wird es heller. Mehr Sonnenstrahlen kommen durch. Ein Rauschen umfängt mich, plötzlich kristallklares Blau und eine stechende Sonne. Angenehm kühl wird es um mich herum: Wasser, Meer...

Übungen

Übung 88 *Hat Janine einen realistischen Brief aus ihrem Urlaub geschrieben? Was von dem, was sie erzählt, beruht wahrscheinlich auf Tatsachen, was nicht?*
► *Lösung Seite 155*

Übung 89 *Warum hat sie ihrer Freundin wohl auf diese besondere Art und Weise geschrieben?*
► *Lösung Seite 155*

Übung 90 *Schreibe die Formulierungen heraus, die du für nicht besonders wirklichkeitsnah hältst und ersetze sie durch ‚realistische', glaubhaftere Formulierungen.*
► *Lösung Seite 155*

Übungen

Übung 91 *Wie stellst du dir Janine vor – abenteuerlustig, verträumt, schüchtern, selbstbewusst, unsicher…?*
Überlege, was aus dem Text für deine Einschätzung Janines sprechen könnte.
► *Lösung Seite 155*

Übung 92 *Worin unterscheidet sich Janines Brief von einem Bericht aus ihrem Urlaub?*
Worin unterscheidet er sich aber auch von einer Fantasieerzählung?
► *Lösung Seite 155*

Übung 93 *Setze Janines ‚Reise' fort: Sie taucht unter Wasser in einem Korallenriff.*
Du kannst deiner Fantasie freien Lauf lassen.

3.1 Äußere und innere Eindrücke

Die Schilderung nimmt eine Mittelstellung zwischen dem Bericht und der Erzählung ein. Während ein Bericht ein Ereignis möglichst genau und wirklichkeitsgetreu wiederzugeben hat, kommt es bei der Erzählung auf Spannung an. Bei der Schilderung dagegen geht es in besonderem Maße um das *lebendige, fantasievolle Vorstellen einer Situation oder eines Gegenstands, eines Tieres oder eines Menschen.* Dabei sollst du versuchen, dich möglichst vielfältig und treffend auszudrücken. (Das wiederum ist eine Bedingung für die Reportage, die sich an die Schilderung anschließt.)

Entsprechend der Vielfalt von möglichen Eindrücken gibt es verschiedene Arten der Schilderung:

- die Momentaufnahme (‚Spotlight'),
- die Landschafts- und Naturschilderung,
- die schildernde Beschreibung einer Person,
- die schildernde Darstellung eines Erlebnisses,
- die schildernde Wiedergabe von Gefühlen und Stimmungen.

Zeitform der Schilderung ist das Präsens. Sprachlich werden besonders Mittel des Erzählens eingesetzt: ausdrucksstarke Wörter, sprachliche Bilder, Abwechslung im Satzbau sollen einen anschaulichen Eindruck vermitteln. Zwar darf man bei der Schilderung seine Fantasie spielen lassen, doch muss man aufpassen, dass man nicht in eine klischeehafte, übertriebene oder unglaubwürdige Sprache abgleitet.

Eine wichtige Anforderung bei der Schilderung ist es, den Zusammenhang von einem äußeren Eindruck und dem dazugehörigen inneren Erleben zum Ausdruck zu bringen.

> Also nicht: *„Im Urwald waren viele Töne zu hören."*, wenn du schreiben willst, wie großartig das auf dich wirkt. Verbinde das, was du erlebst oder dir vorstellst, mit den Gefühlen, die es in dir auslöst: *„Die Töne, die aus allen Ecken des Waldes kamen, wirkten auf mich wie eine großartige Sinfonie."*

Noch besser ist es, wenn du deine eigene Person in der Schilderung etwas zurücknimmst: *„Die Töne, die aus allen Ecken des Waldes kamen, wurden zu einer wunderbaren Sinfonie."* Damit wird noch mehr Betonung auf das Ereignis selbst gelegt, und das, was du erlebst, wirkt allgemein gültig. Der Leser ist dann richtig in den Bann dessen gezogen, was du schilderst.

Allerdings solltest du hier (wie überall) auf Abwechslung achten: Du kannst schon ab und zu einmal „ich" schreiben, damit auch klar ist, wer hinter der Schilderung steht.

Wie äußere Wahrnehmung und innere Eindrücke miteinander zusammenhängen und wie man das formuliert, kannst du im Folgenden trainieren:

ÄUSSERER EINDRUCK	INNERER EINDRUCK	MÖGL. FORMULIERUNG IN DER SCHILDERUNG
eine belebte Straße entlanggehen, gehetzte Menschen, Verkehrslärm	Nervosität, Angst, Bedrohung, Genervtheit	Die Menschen hasten wie in einem Film, der zu schnell läuft, aneinander vorbei. Autogehupe, aggressiv und wie ein Alarmton klingend, dringt an mein Ohr.
über einen Markt gehen	Stimmengewirr, bunte Farben des Obstes, sich durchschlängeln	Überall wird Obst angeboten: leuchtend gelbe Zitronen, sanft orangefarbene Aprikosen, tiefrote Erdbeeren, blaue Zwetschgen, man könnte einen Regenbogen daraus malen. Die neugierigen Käufer tasten sich vorsichtig voran – nur niemandem zu eng zu Leibe rücken.

Übung 94 *Versuche dich in die folgenden Situationen hineinzuversetzen und schreibe auf, welche Empfindungen die jeweilige Situation beim Betrachter auslöst.*
► *Lösung Seite 155*

Übung

- in der Disco
- im Regen spazieren gehen
- am Strand liegen
- in einem vollen Bus (Zug, Straßenbahn o. Ä.)

Übung 95 *Verfasse nach diesen Vorstellungen einen kurzen Text, der die Atmosphäre und die Wirkung dieser Situation auf den Betrachter schildert. (2–3 Sätze)*
► *Lösung Seite 155*

Übung

3.2 Einen Augenblick sprachlich gestalten

An den bisher dargestellten Beispielen hast du schon gemerkt, dass bei der Schilderung kleine Dinge und Zusammenhänge oft recht ausführlich sprachlich gestaltet werden. So soll man sich eine genaue Vorstellung von der Atmosphäre machen können, die diese Dinge und Vorgänge umgibt. So ist die Schilderung so etwas wie eine ‚innere Zeitlupe'. Du kannst diese Zeitlupe gut einüben und zugleich deinen schriftsprachlichen Ausdruck schulen, indem du einzelne kurze Augenblicke und Abfolgen sprachlich entfaltest.

Übung 96 *Stell dir vor, du stehst gedankenverloren an einem Bahnsteig und wartest auf den Zug. Schließlich kommt er. Schreibe auf, was du in dem Moment und danach empfindest.*

Sieh dir die folgenden drei Beispiele zum selben Thema an („Ein Zug fährt ein"):

1) In der Ferne sehe ich einen kleinen Punkt, stecknadelkopfgroß. Und doch werde ich noch eine Hand voll Mal die Augen schließen, dann wird dieser Punkt ins Unermessliche gewachsen vor mir stehen. Aber noch sehe ich zu, wie er allmählich größer wird. Wie von einer Schnur – Wer mag wohl an ihrem anderen Ende sitzen? – gezogen kommt er auf den Stahlschienen näher. Wie die Holme eines bis ins Unendliche gezogenen Barrens sehen sie aus. Unbestimmt höre ich es rauschen und erkenne schon die Augen, die sich auf mich zu bewegen. Unaufhaltsam. Das Geräusch steigt an wie eine herankommende Welle. Hinter den Augen, gleichsam in der Pupille, entdecke ich Menschen. Jetzt sind sie gleich auf meiner Höhe, und noch immer hat die Geschwindigkeit kaum abgenommen. In meinem Kopf tobt jetzt ein allgegenwärtiges Rauschen, so laut wird es plötzlich. Ein Kreischen wie aus tausend Kehlen, aber es sind nur die Bremsen. Plötzlich ein Ruck, als sei dem Zug noch etwas Wichtiges eingefallen. Ja, wir sind es – die Reisenden, auch ich. Da steht das Ungetüm, die Tür genau vor meiner Nase. Ich steige ein und warte auf die Abfahrt.

2) Der Zug ist schon lange überfällig, und alle warten. Da, endlich taucht er auf, noch sehr klein natürlich, aber in 2 Minuten schon wird er hier sein. Es entsteht Bewegung unter den Reisenden.

Schon ist der Zug wieder 150 m näher herangekommen, jetzt ist er bei der ersten Schranke. Selbst wenn man warten muss, ist es doch immer wieder faszinierend, wie schnell der Zug fährt, bis er kurz vor uns abbremst. So kommt er herangebraust, und das Geräusch, mit dem die Dampfdruckbremse betätigt wird, lässt die ungeheure Kraft ahnen, die da abzubremsen ist. Aber siehe da, der Zug lässt sich widerstandslos zum Stillstand bringen, und ich kann einsteigen.

3) Das Warten auf den Zug fällt schwer, doch da, endlich taucht er am Horizont auf. Nur ein kurzer Moment trennt uns jetzt noch. Geräuschlos kommt er näher, wie von unsichtbarer Hand gesteuert. Dort hinten in der Kurve sieht er aus wie eine Schlange, doch handelt es sich nicht um ein giftiges Ungeheuer, sondern um ein Wesen, das uns freundlich aufnehmen wird. Aus dem Stecknadelkopf ist inzwischen ein Centstück geworden, und es wächst in Sekundenschnelle – zum 50-Cent-Stück, zum 2-Euro-Stück, bis zur doppelten Größe. Es bekommt Augen, und als ich es von der Seite sehen kann, hat es Augen auch nach beiden Seiten hin. Mit einem Rauschen nähert es sich uns, aber ohne grimmigen Dampf. Gleich wird es schreien, dabei muss es, inzwischen schon viel größer als wir selbst, keine Angst vor uns haben. Jetzt: Auch bei zugehaltenen Ohren dringt dieses Geräusch zu mir durch. Aber es sind keine Schmerzen – unsere ‚Turbo-Schlange' steht, aber gleich geht es schon weiter.

Übung 97 *Vergleiche die drei Schilderungen. Welche hältst du für die gelungenste? Warum?*
▶ *Lösung Seite 156*

Übungen

Übung 98 *Vergleiche sie mit deiner eigenen Schilderung. Was haben sie anders gemacht?*

Übung 99 *Welche Fassung benutzt am häufigsten umschreibende Adjektive und Adverbiale bzw. Vergleiche?*
▶ *Lösung Seite 156*

Übung 100 *Welche Formulierungen hältst du für unpassend? Begründe, warum du sie für übertrieben, für zu ‚blass' oder ganz allgemein für unpassend hältst.*
▶ *Lösung Seite 156*

Übung 101 *Ersetze sie durch deiner Meinung nach bessere Formulierungen.*
▶ *Lösung Seite 156*

Übung 102 *Untersuche auch die Verben. Welche sind ausdrucksstark, welche nicht? (Beispiele!) Wo könntest du andere Verben verwenden?*
▶ *Lösung Seite 156*

Übung 103 *Gestalte selber ein ‚Spotlight'.*
Sicher hast du schon einmal wahrgenommen, wie du eine Plastikfolie zusammengeknüllt hast, die sich aber wieder ‚entfaltete'. Schildere diesen Vorgang unter Zuhilfenahme der vorgegebenen Elemente. Du sollst aber nicht nur einfach die vorgegebenen Bestandteile miteinander verbinden! Das Wichtigste, die Wirkung dieses Geschehens auf dich, musst du dir selbst überlegen und sprachlich gestalten. Es steht dir auch frei, ganz andere Gestaltungselemente für deine Schilderung zu verwenden.

Eine Plastikfolie zerknüllen

> zusammenknüllen – schon beim Beiseitelegen wieder Entfaltung – Knistern – Leben – nicht zu sehendes Herz und Gliedmaßen – Bewegung in alle Richtungen – Geräusche – Sich-Wehren gegen das Schicksal des achtlosen Weggeworfenwerdens – Bewegungen werden schwächer – liegt schon wieder bis zu einer gewissen Breite entfaltet da – Ruhe – plötzlich nochmalige Regung – lebt immer noch – nehme sie schließlich und knülle sie in eine Schachtel, sodass sie sich nicht mehr bewegen kann

Übung 104 *Gestalte nun weitere ‚Spotlights' für kurze Geschehensabläufe:*

- Ein Geschenk auspacken
  (Das Geschenk selbst am Ende möglichst nicht nennen!)
- Auf dem Weg den ‚Zehner' hinauf.

Denke an die ‚innere Zeitlupe'!

3.3 Personen schildern

Wenn ein Maler ein Porträt von einer Person anfertigen soll, dann versucht er oft nicht nur eine möglichst genaue und naturgetreue Darstellung, sondern auch, die betreffende Person in einer ganz bestimmten Haltung oder mit ganz bestimmten Gegenständen abzubilden. Damit will er über das Äußere hinaus noch etwas über die Person sagen, über ihren Charakter. Ähnlich ist es im sprachlichen Bereich mit der Personenschilderung, einer Vorstufe zur Charakterisierung, die du in dieser Lernhilfe später kennenlernen wirst.

Übung 105 *Wie stellst du dir diese Frau und diesen Mann vor?*

Übung

Überlege dir zunächst einige ‚Äußerlichkeiten' (Alter, Figur, Beruf, Familienstand, Charaktereigenschaften, Hobbys, Interessen). Auch wenn sie in der Schilderung keine zentrale Rolle spielen, sind sie als Grundlage wichtig, und man kann sich eine bessere Vorstellung von der betreffenden Person machen.

Übung 106 *Entwirf nun eine schriftliche Porträtskizze. Versuche die von dir ausgedachte Figur einfühlsam und mit Sympathie zu schildern.*

Eine Personenschilderung kommt mit einem Minimum an äußerer Handlung aus und stellt dem eine möglichst genau ausgestaltete innere Handlung gegenüber.

Lies das folgende Porträt:

Eine Fünf!

> Da hatte ich mir fest vorgenommen, meine Eltern nicht zu enttäuschen und habe doch eine Fünf in Mathe geschrieben. Wie sag ich 's meinem Vater? Langsam und leise betrete ich den Raum und gehe mit leicht gesenktem Kopf auf meinen ‚alten Herren' zu. Er sitzt an seinem Schreibtisch, der, ganz in Gegensatz zu meinem, sehr aufgeräumt ist. Sauber liegen einige Blätter in den Ablagekörben, und die Bücher sind nicht zu unübersehbaren Bergen übereinander getürmt. „Damit ich mich besser zurechtfinde", sagt er, „würde dir auch ganz gut tun." Aber viel hat er mit dieser Empfehlung nicht erreicht.
> Er legt die Zeitung hin, faltet sie sorgfältig zusammen und guckt über den Rand seines schmalen, goldschimmernden Brillengestells. „Na, Junior, was gibt 's?" Ob er das Heft, das ich ihm gleich wortlos hinhalten werde, schon gesehen hat?
> Noch ohne darin zu blättern, blickt er mich nachdenklich an. „Und nun?" Er schaut mich gar nicht an, was mir im Moment ganz angenehm ist. Erwartet er eine Antwort? Er setzt die Brille wieder auf, dadurch wirkt alles viel sachlicher. Während er seine Blicke wortlos über die Seiten gleiten lässt, legt sich seine Stirn in Falten. Bei einem Fehler scheint er direkt zusammenzuzucken. Hatten wir das nicht tausend Mal geübt?

Habe ich jetzt eine Standpauke zu erwarten?
„Ich weiß auch nicht ...", stottere ich, aber ein Lächeln lässt mich verstummen. „Na ja", sagt er, „in Mathe fallen wohl besonders wenig Meister vom Himmel. Hab selbst nicht dazu gehört. Aber für uns ‚Fußvolk' gilt eben: üben, üben, üben." Gibt mir das Heft und klopft mir auf die Schulter.

Übungen

Übung 107 Warum heißt der Text wohl „Eine Fünf" und nicht etwa „Mein Vater"?
▶ *Lösung Seite 157*

Übung 108 Wie stellst du dir Philipps Vater vor?
▶ *Lösung Seite 157*

Übung 109 Was verrät seine Umgebung (Arbeitszimmer, Schreibtisch) über ihn?
▶ *Lösung Seite 157*

Übung 110 Kannst du dir Philipps Vater äußerlich vorstellen?

Übung 111 Porträtiere deine Mutter oder deinen Vater in einer ähnlichen Situation.

Übung 112 Porträtiere einen Freund oder einen deiner Lehrer.

3.4 Ausdrucksstarke Verben

Bei der Schilderung von Situationen und Personen kommt es in besonderem Maße auf eine vielfältige und ausdrucksstarke Wortwahl an. Das erreichst du besonders durch den Gebrauch möglichst verschiedener und treffender Adjektive und Adverbien. Aber auch die Verben sind von wesentlicher Bedeutung. So gebraucht man bei der Schilderung von Gegenständen und Situationen oft Personifizierungen. Dann wird ein Gegenstand mit einer menschlichen Eigenschaft belegt, z. B.

> *„Die Lokomotive kreischt."* anstatt *„Das Bremsen verursacht ein kreischendes Geräusch."*

Personifiziert wird vor allem mit Verben. Situation und Gegenstand wirken dadurch lebendiger und farbiger.

Um bei der Schilderung an Sicherheit in der Wortwahl zu gewinnen, bilde zu den zentralen Verben (möglichst auch Substantiven) *Wortfelder,* d. h. trage alle Verben zusammen, die denselben Vorgang in anderen ‚Schattierungen' wiedergeben.
Ein gutes Hilfsmittel, um einen abwechslungsreichen Ausdruck zu trainieren, sind Wortfelder. Dabei bildet man möglichst viele Wörter mit ähnlicher Bedeutung, z. B. kann man statt *‚lustig'* auch *‚heiter'*, *‚fröhlich'*, *‚gut gelaunt'* und noch andere Wörter verwenden.

Übung

Übung 113 Finde weitere Wörter mit ähnlicher Bedeutung (Synonyme) zu ‚lustig'.
► *Lösung Seite 157*

Wortfelder können zu Wörtern der wichtigsten Wortarten gebildet werden, wie dir die folgenden Beispiele zeigen:

fahren	*Haus*	*schön*
rasen	Kasten	prächtig
flitzen	Palast	herrlich
dahinrollen	Heim	schnieke
gleiten	Baracke	wunderbar
düsen	Hütte	süß
schleichen	Schloss	exzellent
brettern	Behausung	super
kutschieren	Dach über 'm Kopf	toll
		hübsch
		elegant
		prima

Übung 114 *Bestimme, welche Wörter in den jeweiligen Wortfeldern umgangssprachlich und welche eher schriftsprachlich sind. Wovon hängt es ab, welche Wörter du verwenden kannst?*
▶ *Lösung Seite 157*

Wenn du einen Aufsatz schreiben sollst, dann achte also genau darauf, dass sich wichtige Verben, Substantive und Adjektive nicht wiederholen. Bilde auf einem Notizzettel ein Wortfeld und prüfe, welches Wort du an welcher Stelle einsetzen kannst.

Damit du sowohl Abwechslung als auch Ausdrucksstärke trainieren kannst, findest du hier einige Verben, die bei Schilderungen, aber auch beim Erzählen und Nacherzählen von Geschichten häufig verwendet werden.

Übung 115 *Bilde Wortfelder zu den nachfolgend genannten Verben.*

sagen	schreiben
bewegen	sehen
fahren	machen
gehen	essen
denken	holen
laufen	arbeiten

Übung 116 *Bilde Beispielsätze, in denen die jeweilige ‚Schattierung' inhaltlich zutreffend zum Ausdruck kommt.*

3.5 Satzbau

Bei einer Schilderung hast du mehr Freiheit in der Wortwahl, aber auch im Satzbau als bei anderen Aufsatzformen. Wenn du Eindrücke deiner Fantasie wiedergeben willst, kann sich das auch in der Form deines Aufsatzes widerspiegeln. Deshalb gilt:

- Achte auf Abwechslung in der *Satzlänge.*
- Unterbrich die Reihung von Aussagesätzen ab und zu durch eine *Frage* oder einen *Ausruf.*
- Versuche einmal *ungewöhnliche Perspektiven* einzunehmen (wie etwa beim Beispiel zur Lokomotive) und wechsle die Perspektive ruhig auch einmal.
- Beschränke den Gebrauch der *wörtlichen Rede.* Denke daran, dass die äußere Handlung bei der Schilderung eher eine untergeordnete Bedeutung einnimmt.

Lies die folgende Schilderung.

Am Wasser

> Er sitzt am Ufer und beobachtet das Wasser. Das Aufleuchten der glitzernden Punkte kommt ihm vor wie der Widerschein kleiner Goldstücke. Das Plätschern der kleinen Wellen knapp vor ihm beruhigt ihn. Der See liegt da, spiegelblank poliert. Am Ufer neigen die Bäume verträumt und vertraut ihre Köpfe gegeneinander. Was sie sich wohl zuflüstern? Aber ihr Rascheln ist so undurchdringlich dicht wie eine exotische Fremdsprache. Alles wirkt wie eine friedliche Vollversammlung der Natur. Draußen fahren Segelschiffe vorbei. Er freut sich, wie sich die Segel stolz aufblasen. Ein Motorboot fährt schnell vorbei. Es wirkt, verglichen mit den Seglern und dem ruhigen Paddeln der Schwäne, nervös. Er fühlt sich gestört. Aber bald ist es vorüber und wird hoffentlich so schnell nicht wieder zurückkommen. So kann er weiter am Wasser sitzen und träumen.

Übung 117 Zu welcher Art Schilderung gehört der Text „Am Wasser"?
► *Lösung Seite 157*

Übung 118 *Streiche die Ausdrucksfehler im Text an und mache Verbesserungsvorschläge.*
► *Lösung Seite 157/158*

Übungen

Übung 119 *Gestalte den Text „Am Wasser“ zusammenhängend um, indem du die Ratschläge zu Wortwahl und Satzbau beachtest.*

Übung 120 *Verfasse eine eigene Schilderung zum gleichen Thema.*

3.6 Abschlussübung: Beurteilung und Verbesserung einer Klassenarbeit

Eine kleine Reise war das Thema einer Klassenarbeit zur Schilderung. Sabine hat dabei versucht, die verschiedenen Schwerpunkte der Schilderung, vor allem innere und äußere Handlung, miteinander zu verbinden und diese Aufgabe insgesamt zufrieden stellend gelöst. Lies dir zunächst ihren korrigierten Aufsatz durch.

Eine kleine Reise

Endlich ist es so weit. Der Tag der Abfahrt ist gekommen. Ich kann es kaum erwarten, bis wir endlich losfahren mit unserem voll gepackten Auto. Es scheint einem, als ob eine ganze Reisetruppe im Auto sitzen würde.

Wir fahren los. Werden immer schneller. Die Stadt haben wir weit hinter uns gelassen. Sie sieht wie ein ganz kleines Dorf aus, das sich immer weiter von uns entfernt. Die riesigen Hochhäuser schrumpfen mit einem Mal, als ob sie vor Scham im Boden versinken wollen. A

Wir fahren weiter. Wir denken nicht mehr an die völlig mit Hochhäusern bebaute Stadt, sondern nur noch an die schöne, eindrucksvolle Landschaft, die wie ein Paradies aussieht. Die Hälfte ist geschafft.

Wir werden langsamer. Mir stockt der Atem. Ich sehe einen großen, kräftigen Polizisten. Sein Gesicht ist ernst, und er verzieht keine Miene. Er macht mir Angst mit seinen großen rehbraunen Augen und mit seinen vollen Brauen. Er tastet mit den Augen das ganze Auto ab, und er bittet sehr unhöflich um die Papiere meiner Eltern. Jetzt ein Lächeln, als ob einem kleinen Kind ein Spielzeug geschenkt wird. Wir dürfen weiter. Ich wundere mich jetzt noch über die Gesichtsveränderung. A A A

Die Landschaft wird zunehmend schöner. Eine richtige Augenweide. Endlich kommt die Sonne zwischen den dicken, grauen Wattewolken hervor. Die Sonne scheint durch die Bäume auf das Laub, das wie Gold glitzert. Nur noch wenige Stunden.

Wir begegnen immer mehr Einwohnern der winzigen Stadt. Sie schauen uns mit grimmigen, aber auch mit verwunderten Blicken an. Ich fühle mich wie ein Außerirdischer, der von allen bestaunt, aber auch missbilligt wird. A

Die letzte Kurve. Gefährlich und atemberaubend zugleich, denn sie ist sehr schmal. Zum Glück kommt uns kein Auto entgegen. 800 m Höhe. Die Landschaft nimmt eine weiße Gestalt an. Die Sonne spiegelt die weiße Gestalt in all ihren Kostbarkeiten wider. Wir sehen das riesige Tal unter uns. Die Menschen, klein wie Ameisen. Die Stadt wie aus Lego gebaut und die Autos wie Matchbox. Obwohl ich hier schon ein paar Mal gewesen bin, bin ich immer wieder fasziniert von diesem herrlichen Anblick, der nie enden soll. Ich fühle mich frei wie ein Vogel. Jetzt dieses wohlige Kribbeln im Bauch. Immer wieder. Dort, da unten, ich kann es ganz deutlich sehen: unsere Unterkunft. Sie ist noch schöner, als ich es mir in meinen Erinnerungen vorgestellt habe. Mitten im Schnee steht sie da, mutterseelenallein. Aber einfach überwältigend.

Übungen

Übung 121 *Schreibe aus dem Text die sprachlichen Bilder, die Sabine für ihre Schilderung verwendet hat, heraus.*

Übung 122 *Welche einzelnen Formulierungen wirken etwas übertrieben? Mache Verbesserungsvorschläge.*

Übung 123 *Verbessere die im Text angestrichenen Ausdrucksfehler.*

Übung 124 *Sabine verarbeitet für ihre Schilderung fast ausschließlich optische Eindrücke. Suche andere Sinneseindrücke, die zu diesem Thema passen, und formuliere sie aus.*

Übung 125 *Sabine verwendet stellenweise sehr häufig die Personalpronomina „ich" und „wir", um zu zeigen, dass es sich um ihre persönlichen Eindrücke handelt. Suche andere Mittel, wie dieses ausgedrückt werden kann.*
▶ *Lösung Seite 158/159*

Übung 126 *Die Schilderung in dem Beispiel bleibt im Wesentlichen realistisch und gibt die persönlichen Eindrücke von einer Fahrt an den Urlaubsort wieder. Es gibt aber auch ganz andere ‚Reisen'... Welche fallen dir ein?*

Übung 127 *Verfasse zum gleichen Thema, „Eine kleine Reise", eine eigene Schilderung. (Sie muss nicht unbedingt realistisch sein.)*

4. Das Protokoll

4.1 Bericht und Protokoll

In einer Sitzung der Schülervertretung (SV) geht es hoch her. Es geht um die Frage, ob ein Antrag gestellt wird, dass Schülerinnen und Schüler die ihnen recht trist vorkommende Schule auf den Fluren mit Sprühdosen verschönern dürfen.

Nadja:	Find ich total gut und macht bestimmt mehr Spaß als Kunstunterricht.
Gregor:	Ist aber nicht gerade umweltfreundlich.
Hans:	Blödsinn. Heutzutage hat fast jede Sprühdose den Umweltengel – keine Treibgase mehr, verstehste?
Gregor:	Und der Müll?
Lisa:	Die Frage ist nur, ob die Entwürfe jedem gefallen.
Nadja:	Müssen sie ja nicht, kann ja jeder was Eigenes entwerfen.
Philipp:	Dann wären ca. 800 Künstler am Werk!
Nadja:	Red' doch keinen Quatsch.
Philipp:	Wer hier Blödsinn redet, bist du! Es wird jedenfalls genug geben, die meckern, ohne dass sie irgendetwas selbst machen können oder wollen.
Nadja:	Na und?
Philipp:	Und wenn sie anfangen, deinen Entwurf einfach zu übersprühen?
Nadja:	Fänd ich schon ziemlich blöd.
Hans:	Aber man kann doch nichts machen, was allen gefällt.
Nadja:	Nee, wirklich nicht, aber vielleicht können wir über die Schülerzeitung einen Wettbewerb und eine Abstimmung organisieren. Dann wäre jedenfalls klar, was die Mehrheit will.
Lars:	Die Kunstlehrer sollten wir noch fragen.
(Mehrere:)	Nee, bloß nicht ... Ich denke, wir wollen unser Ding machen ... An der Sprühdose bin ich jedenfalls besser als der Müller ... Auf gar keinen Fall!
Philipp:	Überhaupt streiten wir uns hier um Dinge, die noch gar nicht so wichtig sind. Wir wissen ja noch nicht einmal, ob wir überhaupt dürfen. Was meint ihr, was die Schulleitung sagt?
Nadja:	Die verbieten sowieso alles!
Lars:	Dann muss man sie ganz lieb bitten.
Nadja:	Hilft alles nichts.
Johannes:	Wir holen die Crew aus dem Neubauviertel, die sprüht voll cool.

(Mehrere:)	Mensch, nerv nicht rum … Wir sind doch bei was ganz anderem.
Lars:	Zurück zum Thema. Wer hat eine Idee?
Philipp:	Nur brav bitten bringt wirklich nichts, da hat Nadja Recht.
Lars:	Kannst du dann vielleicht auch sagen, was etwas bringt?
Philipp:	Wenn du mich mal ausreden lässt! – Damit sie keinen Schock kriegen, sagen wir erstmal, dass wir ja nicht alles besprühen wollen, sondern nur ein paar Flächen.
Nadja:	Da schlage ich vor: Oben im großen Flur, da ist das Licht für eine Wandbemalung am besten.
Philipp:	Auf jeden Fall. Und die Wand vor der 12a ist auch gut – da sieht 's ja im Moment voll öde aus.
Nadja:	Und beim Sekretariat.
Lars:	Besser nicht. Wenn da die Eltern kommen und Leute vom Schulamt.
Nadja:	Na und, ich denk', wir sollen hier ‚zu Hause' sein?
Philipp:	Es ist aber trotzdem nicht einfach ‚unser Haus'. Lars, hast du auch noch einen Vorschlag?
Lars:	Nein, ja, das heißt, was anderes: Wir könnten ihnen ja auch schon einige Entwürfe präsentieren.
Nadja:	Damit sie uns die besten Sachen wieder verbieten!?
Lars:	Das müssen sie gar nicht unbedingt. Und überleg mal: Wenn sie überhaupt nicht wissen, was kommt, erlauben sie es vielleicht erst gar nicht.
Philipp:	Denke ich auch. Und wir können ihnen ja mehrere Sachen vorschlagen, dann werden sie uns schon nicht so viel von sich aus vorschreiben. Ich schlage vor, wir stimmen darüber erstmal ab. Der Antrag lautet: Die Schülervertretung beschließt, bei der Schulleitung zu beantragen, dass in den Fluren vier Wandflächen besprüht werden dürfen. Um welche Flächen es sich handelt, wird später entschieden. Pro Fläche werden zwei Vorschläge gemacht. Wer ist für den Antrag? (...) Wer ist dagegen? (...) Wer enthält sich der Stimme? (...) Damit stelle ich fest: Der Antrag ist angenommen: Sechzehn Stimmen dafür, zwei Stimmen dagegen (Ilse und Gregor), drei Enthaltungen. Also werden wir fragen.

Übung 128 Lies dir dieses Gespräch zwei Mal sorgfältig durch. Die Diskussion hat nicht nur ein Thema, sondern mehrere. Welche?
▶ *Lösung Seite 160*

Übung 129 Welche Personen haben den höchsten Redeanteil? Kennst du noch ihren Standpunkt?
▶ *Lösung Seite 160*

Natürlich wird bei normalen Versammlungen nicht der genauen Wortlaut all dessen, was gesprochen wurde, festgehalten. Das gibt es nur im Parlament oder bei wichtigen Verhandlungen vor Gericht, wo Stenografen jedes Wort mit Hilfe von Kürzeln mitschreiben und man hinterher den genauen Wortlaut hat. Bei anderen Versammlungen gibt es statt dessen das Protokoll.

Übung 130 Wozu benötigt man überhaupt ein Protokoll?
▶ *Lösung Seite 160*

Michael, Klassensprecher der 8a, hat sich während der Sitzung folgende Notizen gemacht, um in der Klasse über das Treffen berichten zu können:

> Vorschlag: Graffiti im Flur, Nadja und Hans dafür – Gregor ist dagegen: Umwelt (Treibgas, Müll) – Lisa: Gefällt vielleicht nicht jedem – Streit über Geschmack – Nadja meint, jeder könne sprühen, was aber Quatsch ist – Kompromiss: Abstimmung in der Schülerzeitung – Kunstlehrer? – Nein! Nadja dagegen, weil sie an der Sprühdose angeblich besser als Kunstlehrer! – Frage Philipp: Schulleitung? – Nadja: Angst, dass verboten wird – Johannes: Sprüh-Crew Neubauviertel – Vorschläge, welche Flächen wir besprühen wollen: Wand im oberen Flur (Beleuchtung!), neben 12ern, vor Sekretariat – Philipp: Sekretariat dürfte nicht ‚gehen' – Der Schulleitung vorschlagen, welche Entwürfe gesprüht werden? – Nadja: Verbot? Beschluss: Antrag auf Gestaltung von vier Flächen. Über Flächen und Entwürfe muss später noch entschieden werden.

Übung 131 Da das Protokoll zu den Berichten gehört (auch wenn natürlich nicht jeder Bericht ein Protokoll ist): Wiederhole in Kurzform die wesentlichen Kennzeichen für einen Bericht, indem du in die Lücken im Merkkasten die folgenden Begriffe einträgst:
▶ *Lösung Seite 160*

Zeit- und Ortsangaben; Präteritum; sachlich richtig; übersichtlich im Aufbau; Spannung; klar und sinnvoll; Lebendigkeit; einfacher, überschaubarer Satzbau

Der Bericht informiert über ein Ereignis oder über einen Sachverhalt. Deshalb bezieht er sich auf Tatsachen und verzichtet auf persönliche Gedanken, Gefühle und Wertungen. Im Einzelnen gilt für den Bericht:

Er muss ____________________ sein. Dazu gehört, dass die ________________________________ so genau wie möglich sein sollen. Der Inhalt muss _________________________ angeordnet sein, damit der Bericht insgesamt ________________________ wirkt. Weil der Bericht sachlich ist, kommt es ihm nicht auf ______________ oder ______________ an. Im Bericht wird ein ________________________________ verwendet; dennoch sollen die Verben treffend und die Sprache insgesamt abwechslungsreich sein. Der Bericht wird im ____________________ verfasst.

Übung 132 Verfasse einen Bericht, wie ihn Michael seiner Klasse hätte geben können.
► *Lösung Seite 160/161*

Übungen

Übung 133 Die Schülervertreter haben in ihrem Raum selbst einen Ordner, in dem das Wichtigste aus ihren Sitzungen festgehalten ist. Allerdings ist der Inhalt derselben Sitzung dort sprachlich ganz anders festgehalten als im Bericht Michaels. Kannst du dir vorstellen, warum das so ist?
► *Lösung Seite 161*

Lies das folgende *Protokoll* aus dem Ordner der Schülervertretung und vergleiche es mit dem Bericht, wie du ihn für Michael angefertigt hast:

Protokoll

der 3. Sitzung der Schülervertretung der Thomas-Mann-Schule

Datum:	28. 4. 1996
Beginn:	10.40 Uhr;
Anwesend:	Alle Klassensprecher oder ihre Stellvertreter der 5. bis 13. Klasse mit Ausnahme der 6a (Klassenfahrt)
Vorsitz:	Philipp Hermann (Schülersprecher)
Protokoll:	Sabine Gehring (10b)

(...)

<u>TOP 3: Gestaltung der Flure mit Graffiti</u>
Nadja (9b) und viele andere befürworten den Vorschlag, die Flure mit Graffiti zu gestalten, um unsere Schule etwas lebendiger zu machen. Zwar werden vom Klassensprecher der 8a Bedenken wegen der Umwelt geäußert, aber die Mehrheit ist in der Diskussion für den Plan. Umstritten ist die Frage, ob man jedem Geschmack gerecht werden kann. Philipp gibt zu bedenken, dass viele Schülerinnen und Schüler meckern würden und vielleicht anfangen, die Entwürfe zu beschädigen oder zu übermalen. Lisas Vorschlag, über die Entwürfe in der Schülerzeitung abstimmen zu lassen, findet allgemeine Zustimmung. So solle eine möglichst breite Beteiligung erreicht werden und keiner hat einen Grund zu sagen, er sei nicht gefragt worden.
Das Projekt soll von den Schülern selbst gestaltet werden, ohne Hilfe der Kunstlehrer. Philipp schlägt vor, nur einige Flächen zur Gestaltung zu beantragen und einige Entwürfe vorzulegen, damit die Schulleitung nicht alles einfach so verbieten könne.
Über diesen Vorschlag wird abgestimmt und er wird mit 16 Ja-Stimmen gegen 2 Nein-Stimmen und 3 Enthaltungen angenommen.

(...)

Ende: 12.00 Uhr
Sabine Gehring

Übungen

Übung 134 *Notiere stichwortartig in Form einer Tabelle: Welche Informationen aus Michaels Bericht (Übung 5) kommen in dem Protokoll für die Akten der Schülervertretung vor, welche nicht?*
▶ *Lösung Seite 161*

Übung 135 *Warum wurden einige Informationen zur Sitzung gestrichen?*
▶ *Lösung Seite 161*

Übung 136 *Was fällt dir am Protokoll sonst noch auf in Bezug auf*

- *die Erwähnung der einzelnen Redebeiträge bzw. Redner,*
- *die Zeitform,*
- *die Länge,*
- *die besondere äußere Gestalt?*

▶ *Lösung Seite 161*

Das Protokoll

ist eine besondere Form der Zusammenfassung und Dokumentierung des Inhalts von Zusammenkünften oder Ereignissen. Mit Hilfe eines Protokolls können sich diejenigen, die an einer Sitzung o. Ä. nicht teilgenommen haben, später über deren Verlauf und Ergebnis informieren. Das Protokoll ist auch nützlich, wenn man sich nach längerer Zeit über Verlauf und Ergebnisse einer Zusammenkunft informieren will; dann ist es eine Art ‚Gedächtnisstütze'. Gegenüber dem Bericht ist es erheblich kürzer und konzentriert sich auf das Wesentliche, was sich auch in der vergleichsweise festen äußeren Form zeigt.

Das Protokoll gibt es in verschiedenen Formen, nämlich als

Ergebnisprotokoll: Es fasst die Ergebnisse einer Unterredung zusammen, geht aber auf nähere Einzelheiten nicht ein. Zeitform: Präsens;

Verlaufsprotokoll: Es zeichnet den Verlauf eines Gespräches in seinen wichtigsten Zügen nach. Zeitform: Präsens, aber auch Präteritum möglich;

häufig als *Mischform* zwischen Ergebnis- und Verlaufsprotokoll.

Anlass:
Sitzung, Diskussion, Verhandlung, Unfall,
Experiment, Unterrichtsstunde;

Inhalt:
beim Ergebnisprotokoll nur Abstimmungsergebnisse oder getroffene Vereinbarungen; bei den anderen Formen Berücksichtigung der inhaltlich wichtigsten Punkte, nicht unbedingt jedes einzelnen Redebeitrags;

besondere Erfordernisse:
große Genauigkeit (→ Zuverlässigkeit), Objektivität
(keine eigene Meinung des Protokollführers);
äußere Anforderungen: ‚Kopf': Art der Versammlung,
Ort, Zeit (Anfang), Teilnehmer, Thema, Protokollant;
Ende der Sitzung und Unterschrift am Ende;

SPRACHLICHE BESONDERHEITEN:
- Zeitform: normalerweise Präsens (s. o.);
- Protokollstil: knapper, sachlicher Ausdruck; Genauigkeit durch den Einsatz von Substantiven (Nominalisierungen; Nominalstil); Verkürzung des Ausdrucks durch den Gebrauch des Partizip I; Wiedergabe der Redebeiträge in indirekter Rede

Wenn du ein Protokoll schreibst, gehst du sinnvollerweise in folgender Reihenfolge vor:

→ 1. Überlege und vergewissere dich, welche Art von Protokoll du schreiben sollst. In der Schule wird das meist ein Verlaufsprotokoll – etwa als Protokoll einer Unterrichtsstunde – oder eine Mischform aus Verlaufs- und Ergebnisprotokoll sein, etwa wenn eine Abstimmung vorgenommen wird. Manchmal wird auch ein Experiment in den naturwissenschaftlichen Fächern protokolliert.

→ 2. Notiere dir in Stichpunkten die wichtigsten Redebeiträge so aussagekräftig, dass du später, wenn du das eigentliche Protokoll schreibst, noch weißt, was damit gemeint ist.

→ 3. Schreibe das Protokoll auf, und zwar möglichst bald nach dem Anlass, denn dann ist die Erinnerung an die einzelnen Zusammenhänge noch am besten.

→ 4. Wenn möglich, gib das Protokoll vorher jemand anderem, der bei der Zusammenkunft dabei war, zu lesen, um zu prüfen, dass nichts Wichtiges fehlt und alle Einzelheiten korrekt sind.

4.2 Kleines ‚Protokolltraining'

Im Folgenden kannst du einige Besonderheiten des Protokollstils trainieren. Dabei wird grammatischer Stoff wiederholt, der dir sicher schon bekannt ist. Diese Übung bestimmter Einzelheiten, die besonders das kurze und sachliche Schreiben trainiert, hilft dir nicht nur für das Protokoll. Sie ist auch für andere Formen des informierenden Sprechens (Bericht, Reportage) von Bedeutung.

4.2.1 Substantive machen die Sprache kürzer

Durch die Verwendung vieler Substantive wirkt ein Text sachlich und ‚feststellend'. Beim Protokoll kannst du in besonderem Maße Substantive einsetzen. Sie machen deine Aussagen knapp und genau.

Also nicht: Nadja sagte, sie sei der Meinung, der Direktor würde sowieso alles verbieten und wir sollten die Aktion besser gleich absagen.

Sondern: Nadja möchte die Aktion wegen des zu erwartenden Verbotes der Schulleitung absagen.

Oder: Nadja ist für ein Absagen der Aktion wegen des zu erwartenden Verbots der Schulleitung.

Natürlich kannst und sollst du nicht ganz auf Verben verzichten, aber prüfe beim Protokoll, wo du durch den Gebrauch von Substantiven den Text kürzer und genauer machen kannst.

Lies die folgenden Sätze:

1. Harald: *Ich finde, die Straßen müssten alle mit einem Streifen ausgerüstet werden, der für Radfahrer reserviert ist, denn normalerweise fahren die Autos viel zu dicht an einem vorbei.*

2. Anne: *Die Spielplätze sollten besser vor Hunden geschützt werden, denn die kleinen Kinder nehmen alles in den Mund, was ihnen in die Quere kommt, und können sich vergiften und sehr krank werden.*

3. Nikolaus: *Wir können doch einen Stand auf dem Schulfest aufmachen, wo wir Kuchen und Gebäck verkaufen, damit wir noch Geld in die Klassenkasse bekommen, denn für die Klassenfahrt fehlen noch 700 Mark.*

4. Heike: *Ich finde es besser, wenn die Schule nachmittags nicht einfach für uns geschlossen bleibt, sondern einige Räume geöffnet werden, damit viele noch die Werkräume oder die Dunkelkammer benutzen können, aber dann müssen auch Schüler auf die Geräte aufpassen.*

5. Winfried: *Meine Eltern wollen uns für die Fahrt Proviant spendieren, wenn wir meinen, dass wir noch was brauchen, und vorher bei ihnen anfragen.*

6. Helga: *Ich möchte mir bald einen Computer kaufen, weil ich einmal Journalistin werden will und mich deshalb auskennen muss, wie man Texte verarbeitet und speichert und weil heute sowieso jeder einen Computer hat.*

Übung 137 *Prüfe die Sätze darauf, welche Verbgruppen oder Teilsätze man durch ein einfaches oder zusammengesetztes Substantiv kürzen kann und ersetze dieses durch einen substantivischen Ausdruck (Nominalisierung), z. B.*

„ein Streifen, der für Radfahrer reserviert ist" → ein Radweg.

▶ *Lösung Seite 162*

Übung 138 *Verkürze anschließend den ganzen Satz entsprechend den Anforderungen des Protokollstils. Achte auf Kürze und Genauigkeit.*
▶ *Lösung Seite 162*

4.2.2 Der Gebrauch des Partizip I

In der Alltagssprache verwendet man das Partizip I eher selten. Manchmal wird es als Adjektiv gebraucht, und dann ist einem die grammatische Form gar nicht einmal unbedingt bewusst:

> Die *spielenden* Kinder waren fröhlich.
> Der *lachende* Mann fiel allen auf.

Man kann übrigens beide Partizipien auch durch einen Relativsatz ersetzen, was umgangssprachlich häufig geschieht.

Übung

Übung 139 Ersetze die Partizipien in beiden Sätzen durch einen Relativsatz. Vergleiche beide ‚Fassungen' des Satzes miteinander. Was fällt dir auf? (→ Länge)
▶ *Lösung Seite 162*

Zur Wiederholung:

Info

> Die Bildung des Partizip I
>
> ist sehr einfach: Infinitiv+‚d'+Personalendung (je nach Genus, Kasus und Numerus des Substantivs, auf das sich das Partizip bezieht), z. B. „(Meine Mutter dankte) der *helfenden* Nachbarin."

In Sitzungen und Diskussionen, also wesentlichen Anlässen für ein Protokoll, wird oft von zukünftigen Dingen gesprochen, von etwas, das man haben möchte, plant, befürchtet etc. Das wird dann durch einen konjunktionalen Nebensatz (Subjekt-, Objekt- oder Adverbialsatz) ausgedrückt:

- „Ich befürchte, dass der Direktor unsere Pläne verbietet, und möchte die Aktion deshalb absagen." (Objektsatz)
- „Die Wand, die wir gestalten sollen, befindet sich im 1. Stock." (Relativsatz)

In beiden Sätzen kannst du den Sachverhalt, der im Nebensatz ausgedrückt wird, mit einem Partizip I + vorangestelltem ‚zu' kürzer und genauer ausdrücken:

1. Wegen des zu befürchtenden Verbots möchte Nadja die Aktion absagen.

2. ____

Übung 140 Forme die folgenden Sätze um, indem du für den jeweiligen Nebensatz das Partizip I mit vorangestelltem ‚zu' einsetzt. Schreibe die Sätze, wie für das Protokoll üblich, in der 3. Person auf.

1. „Die AG, die wir einrichten wollen, soll sich mit Fotografie beschäftigen."

2. „Das Werkstück, das bis fünf Uhr fertigzustellen ist, soll allen Ansprüchen genügen."

3. „Die Sprühdosen, die wir einkaufen wollen, sind alle ohne Treibgase."

4. „Weil ich Angst vor einer Bestrafung hatte, verschwieg ich die schlechte Note."

5. „Das Auto, das erst einmal zur Reparatur muss, soll noch ein paar Jahre fahren."

▶ *Lösung Seite 162*

4.2.3 Adverbialsätze und Präposition + Nominalisierung

In der letzten Übung kam ein Nebensatz vor, der durch eine Konjunktion eingeleitet wurde, nämlich ________________________. Man nennt diese Nebensätze in der Grammatik entweder nach ihrem Einleitungswort konjunktionale Nebensätze oder nach ihrer Rolle Adverbialsätze, denn sie bestimmen den geschilderten Vorgang näher.

Adverbialsätze, die Gründe (Kausalsätze) und Einschränkungen oder mögliche Gegengründe (Konzessivsätze) zum Inhalt haben, können durch eine Präposition + Nominalisierung ersetzt werden, z. B.

„Weil er nicht übt, wird er die Prüfung nicht bestehen."

Infolge *fehlenden Übens* wird er die Prüfung nicht bestehen.

„Obwohl er genug Geld von seinen Eltern bekommt, reicht es nie aus."

Trotz genügenden Geldes von seinen Eltern reicht es nie aus.

Zwar werden die Sätze durch die Nominalisierungen nicht unbedingt kürzer, wie die Beispiele zeigen, aber der Nominalstil klingt sachlicher und ist für das Protokoll besser geeignet, da er die wesentlichen Inhalte deutlicher hervorhebt.

Nebensätze, die mit den folgenden Konjunktionen eingeleitet werden, können durch Nominalisierungen mit den entsprechenden Präpositionen ersetzt werden:

	KONJUNKTIONEN	PRÄPOSITIONEN
BEGRÜNDUNG	da, weil	wegen, um ... willen, infolge
ZWECK	damit	zu Gunsten
EINSCHRÄNKUNG, GEGENGRUND	obwohl, obgleich	trotz, ungeachtet

Übung 141 Bilde folgende Sätze durch Nominalisierungen um und verwende dazu die oben angegebenen Präpositionen. Überprüfe, wo die Nominalisierung des Verbs zu Gunsten eines einfachen Substantivs ganz weggelassen werden kann.

1. Obwohl wir immer wieder höflich fragen, erteilt man uns nur Absagen.

2. Da wir uns sinnvoll betätigen wollen, möchten wir die Flure umgestalten.

3. Damit die Umwelt geschont wird, verzichten wir auf Treibgase.

4. Obgleich wir erwarten müssen, dass vielen der Entwurf nicht gefällt, bin ich dafür.

5. Weil der Flur schon so dunkel ist, sollten wir helle Farben verwenden.

6. Obwohl noch viel Geld fehlt, planen wir die Aktion.

► *Lösung Seite 163*

4.2.4 Indirekte Rede

Für das Protokoll reicht es normalerweise aus, wenn du das Wichtigste erwähnst. Besonders herausragende Beiträge, etwa in einer Diskussion, müssen aber genauer festgehalten werden. Das geschieht natürlich nicht in der direkten Rede, denn den Original-Wortlaut wird man sich wohl kaum merken können, sondern in der *indirekten Rede.*

Wie die indirekte Rede gebildet wird, hast du bereits im Kapitel 1.3.1 gelernt. Wenn du dich nicht sicher fühlst, schlage dort noch einmal nach. An dieser Stelle gebe ich nur ein kurzes Beispiel:

> Nadja: „Ich habe Lust, mit Carola den oberen Flur zu gestalten, und wir wollen auch die Farben dafür kaufen."

→ *Nadja sagt, sie habe Lust, mit Carola den oberen Flur zu gestalten, und sie wollten auch die Farben dafür kaufen.*

Übung

Übung 142 *Erkläre und begründe die Veränderungen an Personalpronomen und Verbform.*

► *Lösung Seite 163*

4.3 Abschlussübung: Von der ungeordneten Mitschrift zum Protokoll

An der Thomas-Mann-Schule soll eine Projektwoche veranstaltet werden. Vier Tage lang werden die Schülerinnen und Schüler möglichst selbstständig zu einem Thema arbeiten und ihre Ergebnisse dann vorstellen. Allerdings erwarten die Lehrer, bevor sie einzelne Projekte anbieten und übernehmen, konkrete Vorschläge von den Schülern.

In der Klasse 8a werden verschiedene Vorschläge gemacht und diskutiert. Karin soll ein Protokoll schreiben und hat dazu zunächst den Diskussionsverlauf schriftlich festgehalten:

Karl:	Was mit dem Internet und mit Computer machen?
Johanna:	gute Idee, aber gibt es überhaupt die Möglichkeit, den Informatik-Raum zu nutzen?
Hr. Berger:	mit Frau Schmidtheinrich absprechen.
Andere:	(Björn, Karola) Internet uninteressant, vier Tage nur vor dem Computer hocken. Macht jeder schon zu Hause.
Karl:	Projekt nur für die, die 's interessiert. Die anderen in andere Projekte!
Sabine:	Anderer Vorschlag – was aus fremden Ländern kochen.
Andere:	Zustimmung. Kann man auch was über fremde Länder lernen.
Hannes:	Typisch. Ist nur was für Mädchen.
Sab.:	Sollten Jungen auch ruhig mal lernen.
Jürgen:	Zu teuer? Wer bezahlt Zutaten? Raum?
Sab.:	Küche der Schulkantine nutzen. Preis, je mehr mitmachen, desto niedriger.
Dagmar:	Vielleicht noch mit anderen Sachen verbinden?
Sab.:	Vielleicht Information über die Länder und die Lebensverhältnisse dort.
Karl-Heinz:	Anderer Vorschlag: Foto-AG.
Sebastian:	Selbes Problem, Geld, passen alle in die Dunkelkammer?
Karl:	Abstimmung über Internet!
Hr. Berger:	Nicht abstimmen, bevor nicht alle Vorschläge diskutiert sind.
Uwe:	Projekt mit vielen Exkursionen. Zum Beispiel: ‚Wie gut ist die Wasserqualität in unseren Seen?'

Hannes: Wetter? Wie Ergebnisse präsentieren?
Karl: Testergebnisse lassen sich mit Computer grafisch darstellen. Vielleicht kann man Daten zum Vergleich aus dem Internet holen.
Hr. Berger: Gute Idee. Gut, wenn mehrere Sachen verknüpft werden.
Andere: Also nichts mit Kochen?
Hr. Berger: Muss ja nicht nur ein Projekt sein, aber zwei Vorschläge von jeder Klasse gut.
Sebastian: Was noch in das Gewässerprojekt mit aufnehmen?
Hannes: Texte und Bilder zum Thema.
Karl: Liste aushängen, wo weitere Ideen eingetragen werden können.
Sabine: Abstimmung.

Abstimmung:

Projekt ‚Wasser und Gewässer': 21 St.;
‚Fremde Kulturen u. Kochen': 11 St.

Übung

Übung 143 *Verfasse ein Protokoll der Stunde und beachte dabei die notwendigen Anforderungen.*

5. Argumentieren und begründet Stellung nehmen

5.1 Die Begründung einer Bitte/eines Antrags

Die 8b hat eine, wie sie findet, gute Idee: Man könnte das Lautsprechersystem der Schule, mit dem man ja in jeden Klassenraum und auf jeden Flur kommt, dazu nutzen, in den Pausen ein Schülerradio zu senden. Top-Musik und die neuesten Informationen – das müsste doch jeden begeistern. Nur die Schulleitung nicht, denn die sieht das offensichtlich etwas anders. Die Schüler diskutieren darüber mit ihrem Klassenlehrer, Herrn Raab:

„Man kann machen, was man will, immer wird alles abgelehnt."

„Es wären bestimmt alle Schüler dafür, und die Gegenargumente ziehen nicht."

„Na ja, stellt euch vor, ihr schreibt eine wichtige Klassenarbeit auch die große Pause hindurch, und plötzlich meldet sich der Dudelfunk der Schule ..."

„Das mit dem Dudelfunk ist fies, aber man kann ja vielleicht auch einzelne Räume abschalten. Nur müsste man es dann vorher wissen."

„Ich weiß gar nicht, ob das überhaupt geht, aber selbst wenn 's ginge, würde es ziemlich kompliziert. Ihr wisst selbst, wie schnell man mal den Raum wechselt."

„Es würde aber funktionieren, wenn man Bescheid sagt."

„Na ja, das können wir ja noch prüfen, ob es überhaupt gehen würde. Aber habt ihr euch vielleicht schon mal überlegt, woran es liegen könnte, wenn euer Antrag so einfach abgelehnt wird?"

„Die wollen einfach nicht."

„Das würde ich so nicht sagen. Aber was sollte man versuchen, wenn einem einer nicht so recht glauben will?"

„Man muss ihn überzeugen."

„Und das erreicht man wohl am besten, wenn man gute Gründe liefert. Ich denke, ihr solltet jetzt einmal alle Gründe zusammentragen, die für euer Projekt sprechen. Es sind ja eine ganze Menge. Und dann schreibt ihr einen richtigen Brief an Direktor Meyer, denn was er schriftlich vor sich liegen hat, kann er nicht so leicht abwehren."

Die Klasse trägt jede Menge Argumente zusammen und nach einer kurzen Zeit ist die Tafel voll geschrieben:

keine Kosten

sinnvolle Pausenbeschäftigung

gegen Langeweile in den Pausen in den Klassenräumen

aktuelle Informationen, vieles geht schneller, Vertretung

klassenübergreifendes Projekt

Musik entspannt

Wortbeiträge können schon zu Hause aufgenommen werden: kein Chaos im Sekretariat

kleinere Wortbeiträge: übt im Schreiben

gute Möglichkeit für Dialog Schüler – Lehrer

keine Hausaufgaben mehr in den Pausen

Einsatz für die Schulgemeinschaft

Übungen

Übung 144 *Findet ihr noch weitere Gründe für das Schülerradio?*

Übung 145 *Schaut euch alle Gründe einschließlich der möglicherweise von euch ergänzten noch einmal an. Findet ihr einige, die inhaltlich zusammengehören?*

▶ *Lösung Seite 164*

Übung 146 *Welche Gründe sind eurer Meinung nach wichtiger, welche sind weniger wichtig? Versucht einmal, eine Rangfolge aufzustellen. Schreibt vor das wichtigste Argument eine 1, vor das zweitwichtigste eine 2 usw.*

▶ *Lösung Seite 164*

Nachdem die Sammlung der Gründe abgeschlossen ist, setzen sich einige Schüler der Klasse hin und verfassen einen Brief an den Direktor:

Klasse 8b
Ratsgymnasium Berlin

Berlin, 26.2.1998

Herrn
Direktor R. Meyer

Sehr geehrter Herr Meyer,

hiermit möchten wir bei Ihnen um die Erlaubnis für die Einrichtung eines Schülerradios bitten. Das Schülerradio soll täglich in den beiden großen Pausen über die Lautsprecheranlage der Schule gesendet werden und die Schüler in den Klassenräumen und auf den Fluren unterhalten und informieren.

Wir freuen uns, dass wir die Erlaubnis haben, in den Pausen in den Klassenräumen zu bleiben und nicht zwangsweise auf den Hof müssen. Doch viele von uns langweilen sich in den Pausen, ohne sich sinnvoll beschäftigen zu können. Da fiel uns von der Klasse 8b die Idee eines Schülerradios ein. Es wäre eine sinnvolle Pausenbetätigung für alle, die Interesse haben, daran mitzuarbeiten. Und die anderen bräuchten sich in den Pausen nicht mehr so zu langweilen. Wenn sie mit Musik und ein paar Informationen aus der Schule auf Trab gebracht sind, gehen sie bestimmt mit mehr ‚Power' in den nächsten Unterricht.

Ein Schülerradio bietet wie eine Schülerzeitung die Möglichkeit, etwas für die ganze Schulgemeinschaft zu tun. Doch während es die Schülerzeitung nur auf höchstens sechs Ausgaben im Jahr bringt, könnte das Schülerradio täglich senden und Nachrichten bringen, die alle Schüler etwas angehen.

Wir denken auch nicht, dass dies nur ein Projekt für Schüler unserer Klasse sein soll. Wir würden uns freuen, wenn möglichst viele sich beteiligen; auch das wäre wieder etwas für die Schulgemeinschaft.

Neben Musik könnten täglich aktuelle Neuigkeiten, etwa über den Vertretungsplan, die Arbeit einiger AGs oder Interessantes aus

> unserem Stadtteil gesendet werden. Es bestünde aber auch die Möglichkeit, kleine Textbeiträge zu senden. Die müsste man vorher schreiben, und das wirkt sich auch gut auf den Deutschunterricht aus – eine gute Nebenwirkung.
>
> Damit nun aber das Chaos im Sekretariat nicht zu groß wird, ...
>
> (...)
>
> Darum bitten wir Sie, der Einrichtung eines Schülerradios zunächst einmal versuchsweise zuzustimmen.
>
> Mit freundlichen Grüßen
>
> Klasse 8b (i. A. Stefan Bergler, Klassensprecher)

Übung 147 Ergänze den fehlenden Mittel- und Schlussteil des Briefes.
▶ *Lösung Seite 164*

Übung 148 Hältst du die Begründungen für überzeugend? Woran liegt es, dass du eine Begründung für überzeugend hältst, eine andere aber nicht?
▶ *Lösung Seite 164*

Übung 149 Könntest du diesbezüglich etwas vom Briefanfang verbessern? Prüfe auch noch einmal deine eigenen Begründungen.
▶ *Lösung Seite 164/165*

Im Alltag wird oft erwartet, dass wir begründet zu etwas Stellung nehmen. Dabei kann es sich um eigene oder fremde Wünsche handeln, es kann aber auch um die eigene Meinung oder die Meinung anderer gehen. Wenn wir etwas begründen, verfolgen wir damit ein bestimmtes Ziel: Wir wollen jemand anderen überzeugen. Deshalb ist das begründende Schreiben einerseits persönlich (subjektiv), denn es geht um die eigene Meinung oder die eigenen Wünsche. Andererseits ist es auch sachlich (objektiv), denn wenn wir etwas begründen, glauben wir, dass diese Begründung für alle nachvollziehbar ist.
Daraus ergibt sich eine besondere Form:

BEGRÜNDETE STELLUNGNAHME

ZIEL	• Gründe für oder gegen eine Meinung oder einen Sachverhalt darlegen
FORM	• Brief, Leserbrief, Kommentar
ÄUSSERE GESTALT	• kurze Einleitung, Thema • Gliederung in Absätze • Zusammenfassung
SPRACHLICHE ANFORDERUNGEN	• richtiger Aufbau eines Arguments • Verknüpfung von Zusammenhängen durch Adverbialsätze • Anschaulichkeit

Wenn du eine begründete Stellungnahme als Brief, Leserbrief oder Kommentar schreibst, gehe in der folgenden Reihenfolge vor:

→ 1. Grenze das Problem ein: Je genauer das Problem bestimmt ist, desto genauer und besser kann die Begründung ausfallen.

→ 2. Mache dir (sofern es nicht selbstverständlich ist) von vornherein klar, welche Meinung du selbst zu dem Problem hast. Notiere dir das in Form eines kurzen Satzes, der Hauptthese.

→ 3. Sammle weitere Thesen und Argumente zunächst ganz ungeordnet auf einen Notizzettel.

→ 4. Überlege dir, wie deine Argumente am besten zusammenpassen, sowohl nach ihrer Bedeutung als auch nach ihrer Zusammengehörigkeit.

→ 5. Schreibe deine Stellungnahme auf und denke an den möglichen Zusammenhang der einzelnen Argumente.

→ 6. Fasse deine Ansicht am Schluss noch einmal in einem Satz zusammen.

5.2 Der Leserbrief

Der Redakteur einer Zeitung hat sich Gedanken zu einer Sache gemacht, die uns oft als ganz selbstverständlich vorkommt:

Lesetext

Sport oder Geld

von Volker Bartels

Sie lieben Sport? Sie sollten einmal zu einem Fußballspiel gehen, da werden Sie Ihr blaues Wunder erleben. Oder welche Farben der Verein auch immer haben mag.

Der Rummel geht schon vor dem Stadion los. Stände über Stände, die den unterversorgten Fan mit allem bedienen, was sein Herz begehrt: Mützen, Schals, Klopapierrollen in den Vereinsfarben, Socken, Unterhosen, Bettwäsche ...

Man mag darüber schmunzeln, sieht man doch im Alltag oft nicht mehr als eine Schirmmütze mit dem Vereinsemblem, vielleicht noch einmal einen Schal bei den Kids. Fragt sich, wo das ganze andere Zeug bleibt, denn gekauft wird es schließlich.

Der Weg ins Stadion ist auch kein Vergnügen, hat man sich nicht rechtzeitig im Vorverkauf um einen der preiswerteren Plätze bemüht. Bei fünfundzwanzig Euro fängt das so an. Sie haben also noch keine Karte? Macht nichts – der Schwarzmarkt steht bereit und lockt mit doppelten Preisen. „Man gönnt sich ja sonst nichts“ – der Spruch ist inzwischen in aller Munde und macht vielleicht so manche Ausgabe leichter.

Glücklich in den Besitz einer Karte für lächerliche vierzig Euro gelangt, das sind immerhin noch unter 50 Cent pro Spielminute, passieren Sie die Hochsicherheitskontrollen und gelangen zu Ihrem Platz. Der erste Eindruck, den man bekommt – Werbung. Von den Banden am Spielfeldrand kennt man es ja aus dem Fernsehen. Nun aber Leuchttafeln, Lautsprecher, über dem Stadion kreisende Flugzeuge. Es muss schon seinen Reiz haben, fünfzigtausend mögliche Kunden zugleich zu erreichen.

Aber das Wichtigste ist: Bier! Mitnehmen darf man zwar keins, wegen der Gefahr angeblicher Wurfgeschosse, und das ist ja auch tatsächlich nicht so ungefährlich. Aber trinken darf man's sehr wohl: Im Plastikbecher zu

überhöhten sechs Euro für 0,4 Liter, schlecht gezapft. Aber der Fan trinkt ja auch für die Vereinskasse.
Kaum sind die Spieler auf dem Rasen, weiß man: da unten stehen nicht 22 Sportler, sondern ebenso viele Vertragspartner der Werbeindustrie. Fast kann man jeden seiner Firma zuordnen, ganz abgesehen vom Vereinssponsor, den sie allesamt auf ihrer Brust spazierentragen. Manchmal fragt man sich, warum man überhaupt noch Eintritt zahlen muss. Geworben wird in diesem Geschäft schlechthin für alles. Sportartikel – klar, Badezimmer und Autozubehör – na ja. Aber Alt-Bier? Dass die Spieler noch nicht für Zigaretten Reklame machen, ist wohl eher ein Versehen.
Haben Sie sich schon mal überlegt, was die Jungs da unten auf dem Rasen verdienen? Sicher, harte Arbeit haben sie schon geleistet im Training, aber ob das ein Grund ist, in einem Top-Spiel pro erzieltem Tor gleich alle miteinander um ein paar gute Tausender reicher werden zu lassen? Und wenn sie kein Tor schießen, reicht ihr Salär wohl auch aus.
Dass man es bei den Geldern mit und für die Spieler schon zu einer Art von modernem Menschenhandel gebracht hat, der bereits den Europäischen Gerichtshof beschäftigt hat, sei nur nebenbei bemerkt. Stellen Sie sich vor, ein Arbeitgeber würde so viel bieten, um Sie kaufen zu können oder Sie zum Verkauf anzubieten.
Während des Spiels könnte man auf den Gedanken kommen, die Zuschauer interessierten sich nicht dafür. Sie toben, schreien, fluchen, verhöhnen den Gegner, bis sie heiser sind. So ein Spiel ist offenbar ein guter Anlass, seine Aggressionen abzureagieren. Nur, vielleicht könnte man 's mit eigenem Sporttreiben ja billiger und besser haben.
Irgendwann ist es dann vorbei, das Spiel. Etliche sind schon in der letzten Viertelstunde aus dem Stadion geströmt – schließlich will man rechtzeitig beim Auto sein und nicht im Stau stehen. Ist noch ein Tor gefallen oder hat das Spiel gar eine entscheidende Wende genommen – man wird es im Radio erfahren auf dem Weg nach Hause.
‚Mens sana in corpore sano', ‚in einem gesunden Körper lebt ein gesunder Geist', wollten die alten Römer vor Zeiten schon wissen und müssen mit diesem Motto immer wieder dafür herhalten, den Sport als eine großartige Sache zu rechtfertigen.
Gehen Sie mal zu einem Spiel der Fußball-Bundesliga, und es werden Ihnen Zweifel kommen – Sport ist Geschäft, nichts weiter.

Übungen

Übung 150 *Fasse die Meinung dieses Artikels in einem Satz zusammen.*
▶ *Lösung Seite 165*

Übung 151 *Würdest du ihm insgesamt zustimmen oder nicht? Warum?*
▶ *Lösung Seite 165*

Übung 152 *Welche Gründe gibt der Verfasser für seine Meinung an? Welchen Gründen kannst du folgen? Welchen nicht?*
▶ *Lösung Seite 165*

Übung 153 *Welche Argumente des Verfassers könntest du widerlegen?*
▶ *Lösung Seite 165*

Übung 154 *Suche Gegengründe zur Meinung des Verfassers, die sich nicht auf einzelne seiner Argumente beziehen. Überlege, welche Aspekte er zum Thema ‚Sport' nicht berücksichtigt hat.*
▶ *Lösung Seite 165*

Natürlich hat die Redaktion auf die Veröffentlichung dieses Artikels viele Reaktionen bekommen, einige zustimmende, aber auch etliche, die scharf ablehnten, was der Verfasser gesagt hat. Hier sind zwei davon:

> „Der Verfasser Ihres bissigen Artikels macht gleich zwei Fehler: Er setzt Sport mit Fußball gleich, und er setzt den Bundesliga-Fußball mit Fußball allgemein gleich. So kommt er zu einer völlig falschen Schlussfolgerung. Ich persönlich bin leidenschaftlicher Turner – schon seit über zwanzig Jahren. Ich turne selbst und sehe mir auch Wettkämpfe an, und selbst wenn da ein Sportler, offiziell ein Amateur, für eine Turnschuhmarke Reklame macht, kann ich nichts dabei finden. Wenn der Verfasser meint, im Fußball-geschäft werde zu viel verdient, muss er auch aufzeigen, wie er dies verhindern will. Solange die Zuschauer die hohen Eintritts-preise zahlen und sich niemand echt über die Werbung be-schwert, gibt es doch wohl keinen Grund zur Klage."

> ‚Man soll Äpfel nicht mit Birnen verwechseln' , sagt ein altes Sprichwort, und alte Weisheiten irren sich bekanntlich sehr selten. Genau das aber ist Ihrem Autor passiert. Man kann Profis nicht mit Amateuren verwechseln, auch Amateur und Amateur ist noch

lange nicht dasselbe. Mit der Gleichung ‚Sport = Geschäft' geht der Verfasser überhaupt nicht auf die wichtige Bedeutung des Breitensports, besonders für Kinder und Jugendliche, ein. Meine beiden Kinder kicken im heimatlichen Fußballclub, in dem die Betreuer ihre Arbeit mit Leib und Seele leisten, während Herr Bartels verzerrende Artikel schreibt. Ich als Elternteil bin den Sportlern jedenfalls sehr dankbar. Statt ins Stadion zu gehen, sollte Ihr Verfasser mal die Trainingsplätze und die Volkslaufstrecken besuchen – vielleicht ändert sich dann seine Ansicht über den Sport."

Übung 155 Was hältst du von den beiden Leserbriefen? Stimmst du ihnen inhaltlich zu?
▶ *Lösung Seite 165*

Übung 156 Benutzen beide ähnliche Begründungen, oder unterscheiden sie sich?
▶ *Lösung Seite 165*

Übung 157 Inwieweit gehen sie auf den Artikel ein? Wo gehen sie über ihn hinaus?
▶ *Lösung Seite 165*

Übung 158 Was glaubst du: An wen sind die Leserbriefe gerichtet? An den Verfasser des Artikels, an die Redaktion, an alle Leser? Bringe Belege dafür.
▶ *Lösung Seite 166*

Übung 159 Womit argumentieren die beiden Leserbriefschreiber? Wo sind ihre Begründungen eher sachlich, wo sind sie gefühlsmäßig (emotional)?

Übung 160 Warum erwähnt der zweite Schreiber seine persönlichen Erfahrungen mit dem Sportverein seiner Kinder? Gehört so etwas in einen Leserbrief mit hinein?
▶ *Lösung Seite 166*

Von drei weiteren Leserbriefen sind im Folgenden nur die Hauptgründe stichwortartig notiert.

Übung

Übung 161 *Versuche, die folgenden drei Grundgerüste durch weitere Begründungen und Beispiele ‚aufzufüllen'. Verfasse auf ihrer Grundlage jeweils einen zusammenhängenden Leserbrief.*

a) Unsachlichkeit – wohl in der Jugend schlechten Sportlehrer gehabt – Neid auf das Geld der Spieler, das diese sich hart und ehrlich erarbeitet haben

b) Showstars verdienen auch sehr viel Geld, ohne dass es jemanden stört – die Leute wollen unterhalten werden und haben ein Recht darauf – niemand arbeitet umsonst – sollte den Leuten das Vergnügen gönnen, anstatt den Besserwisser zu spielen

c) Verfasser hält die Spieler wohl für Maschinen – auch Profis können sich freuen – Fernsehbilder – Geld müssen sie haben – ab 35 nicht mehr ‚arbeitsfähig', es sei denn als Trainer – Preise lassen sich nicht begrenzen – freie Marktwirtschaft – gilt auch für Transfersummen

Übung

Übung 162 *Wenn du noch weitere, eigene Gründe für oder gegen den Artikel zum Leistungssport hast, schreibe sie dir stichwortartig auf und verfasse eigenständig einen Leserbrief.*

5.3 Ein Argument aufbauen

Wer jemanden von etwas überzeugen will, muss seine Meinung gut begründen.

> „Den Artikel über Sport finde ich doof, weil mir Fußball gut gefällt."

ist beispielsweise eine schwache Begründung, denn gegen die Behauptung wird hier nur eine persönliche Meinung gesetzt, die aber nicht für alle gilt. Wenn du dagegen schreibst:

> „Ich kann dem Artikel nicht zustimmen, weil er unsachlich ist und den Profi-Fußball mit dem gesamten Sport gleichsetzt. Aber in jeder Stadt leisten zahlreiche Sportvereine einen wichtigen Beitrag zur Jugendarbeit.",

dann ist deine Behauptung wesentlich besser begründet, und viele werden dir zustimmen.

Eine *Behauptung* (These), die in einem Streitgespräch oder in einer schriftlichen Stellungnahme näher begründet und erläutert wird, nennt man ein *Argument.* Die Begründung selbst wirkt noch besser und überzeugender, wenn sie durch *Beispiele, persönliche Erfahrungen* oder *allgemein Bekanntes* unterstützt wird. Ein gutes Beispiel kann so leicht niemand widerlegen – ein wichtiger Pluspunkt in jeder persönlichen Stellungnahme.

Wie ein Argument aufgebaut ist, kannst du noch einmal am letzten Beispielsatz genau betrachten:

„Ich kann dem Artikel nicht zustimmen ...	Behauptung (These)
...weil er unsachlich ist und den Profi-Fußball mit dem gesamten Sport gleichsetzt.	Begründung („weil, da, denn ...") Argument
Aber in jeder Stadt leisten Sportvereine einen wichtigen Beitrag zur Jugendarbeit."	konkretes Beispiel

Wenn du ein Argument formulierst, musst du aber darauf achten, dass sich deine Begründung auch wirklich auf deine Behauptung bezieht und dass dein Beispiel zu deiner Begründung passt, also nicht:

> „Ich kann dem Artikel nicht zustimmen, denn Sport wird überall auf der Welt betrieben."

Die Begründung ist falsch, denn dass Sport getrieben wird, hat der Artikel ja nicht bestritten. Oder:

> „Ich kann dem Artikel nicht zustimmen, weil er unsachlich ist und ich auch in einem Fußballverein spiele." Hier bezieht sich das konkrete Beispiel nicht auf die Begründung.

Merke dir also:

> Bei einer begründeten Stellungnahme kommt es darauf an, möglichst gut und sicher zu argumentieren. Ein Argument besteht aus einer These, der Begründung und ihrer Unterstützung in Form eines Beispiels, einer persönlichen Erfahrung oder von etwas allgemein Bekanntem. Die drei Bestandteile eines Arguments müssen sich aufeinander beziehen.

Sieh dir die folgenden Argumente an:

1. Der massenhafte Autoverkehr schadet der Umwelt in erheblichem Maße, denn es wird nicht nur die Luft verschmutzt, sondern auch viel Fläche verbraucht. Das sieht man zum Beispiel daran, dass allein in Deutschland jedes Jahr eine Fläche von der Größe des Bodensees durch den Straßenbau asphaltiert wird.

2. Die Umweltbelastung durch Autos ist nicht so hoch, weil alle Menschen gerne Auto fahren und es auch Spaß macht.

3. Es ist sinnvoll, Hausaufgaben am Computer zu machen, denn man kann so den Umgang damit trainieren und ist später besser vorbereitet für den Beruf.

4. Sport treiben ist gesund, weil der Kreislauf gestärkt wird, wie man an Menschen sieht, die regelmäßig joggen.

Auf dem folgenden Stichwortzettel sind Thesen, Begründungen und Stützen durcheinander geraten. Wenn du etwas kombinieren kannst, wird es dir nicht schwer fallen, die einzelnen Teile zu Argumenten zusammenzufügen. Du solltest am Schluss fünf Argumente haben.

Übungen

Übung 163 *Überlege zunächst, welche Teile zusammengehören und ob sie These, Begründung oder Beispiel (Stütze) sind. Schreibe die zusammengehörigen Stichworte nebeneinander auf.*
▶ *Lösung Seite 166*

Übung 164 *Formuliere die entsprechenden Argumente in einem zusammenhängenden Satz.*
▶ *Lösung Seite 166*

> Konzentrationsschwäche und Übermüdung – Schutz der Fahrer und anderer Verkehrsteilnehmer – viele Unfälle, hoher Schaden – in der Schule um einen guten Abschluss bemüht sein – Briefmarken sammeln schönes Hobby – man lernt etwas über die Welt und lernt Leute kennen – Bruder aktives Mitglied im Briefmarkenclub, hat viele Freunde – im Urlaub verreisen – fremde Länder und Menschen kennen lernen und sich entspannen – letztes Jahr in Griechenland sehr interessant und schön – Inline-Skating verbieten – wichtig für späteren Ausbildungsplatz – heute viele Jugendliche ohne Lehrstelle, die ohne oder mit schlechtem Abschluss sind schlecht dran – viel Fernsehen ist schädlich – jeden Montag am Morgen in den Schulen zu merken

Wenn du eine begründete Stellungnahme schreibst, sollten deine einzelnen Argumente gut erkennbar sein, damit man sehen kann, wie viel dir eingefallen ist, um deine Hauptthese zu belegen. Dazu ist es sinnvoll, die einzelnen Argumente durch einen Absatz voneinander abzugrenzen. Am Schluss deiner Stellungnahme solltest du deine Meinung noch einmal kurz zusammenfassen.

5.4 Sprachlich gut argumentieren

Damit deine Argumentation vom Leser wirklich begriffen wird und er fast ‚gezwungen' wird, dir zuzustimmen, musst du die Zusammenhänge zwischen These, Begründung und Beispiel deutlich machen. Natürlich wirkt es nicht gerade zwingend, wenn man schreibt:

> „Der Artikel ist unsachlich. Er setzt Profifußball und Sport gleich. In jeder Stadt leisten Sportvereine wichtige Beiträge zur Jugendarbeit."

Zusammenhänge werden dagegen gut deutlich gemacht durch die Verwendung von konjunktionalen Nebensätzen (Adverbialsätzen) oder von Hauptsätzen, die durch Konjunktionen eingeleitet werden. Die Konjunktionen verbinden nicht nur die einzelnen Teilsätze, sondern sie stellen auch eine inhaltliche Beziehung her:

„Obwohl ich auch der Meinung bin, dass die Profifußballer zu viel verdienen, finde ich,	Einschränkung
dass der Sport eine gute Sache ist, weil die Vereine wertvolle Arbeit leisten."	Begründung

Beim Argumentieren ist der *Kausalsatz*, der die Begründung angibt, der am häufigsten verwendete Nebensatz. Leite deine Begründungen aber nicht zu häufig hintereinander mit „weil" ein, das wirkt schnell langweilig. Eine weitere Konjunktion für die Begründung ist „da"; du kannst deine Begründung aber auch in einem Hauptsatz, den du mit „denn" einleitest, formulieren. Vergleiche die folgenden Beispiele:

- Fahrradfahren ist gesund, weil man sich viel bewegt und an der frischen Luft ist.
- Fahrradfahren ist gesund, da man sich viel bewegt und an der frischen Luft ist.
- Fahrradfahren ist gesund, denn man bewegt sich viel und ist an der frischen Luft.

Du kannst aber auch Behauptung und Begründung umdrehen, z. B.

- Beim Fahrradfahren bewegt man sich und ist an der frischen Luft, daher ist es gesund.
- Beim Fahrradfahren bewegt man sich und ist an der frischen Luft, also ist es gesund.

Weitere Wörter, die eine logische Folgerung anzeigen, sind:

folglich, darum, demnach, deshalb, deswegen, somit und *infolgedessen.*

Versuche im Rahmen deiner Argumente bei der begründeten Stellungnahme möglichst viele dieser Wörter zum Einsatz zu bringen.

Übung 165 Formuliere die folgenden Behauptungen/Sachverhalte und Begründungen in vollständigen Sätzen und versuche, möglichst viele Sätze zu bilden:
▶ *Lösung Seite 167*

1. Rauchen schadet der Gesundheit – Teer verklebt die Lunge, und Nikotin macht süchtig

2. der Film hat mir gefallen – er war spannend

3. meine Hausaufgaben habe ich gemacht – ich kann mich am Wochenende ausruhen

4. es regnete durch – das Dach war undicht

5. ich habe Geburtstag – es gibt mein Lieblingsessen

Weitere konjunktionale Nebensätze, die für eine gute Argumentation wichtig sind, sind:

- der Konzessivsatz, der die Behauptung einschränkt, aber nicht widerlegt, z. B.
  „*Obwohl* Andy Möller Profifußballer ist, ist er bescheiden geblieben."

- der Finalsatz, der einen Zweck oder eine Absicht zum Ausdruck bringt, z. B.
  „Meine Familie und ich treiben Sport, *damit* wir gesund bleiben."

- der Konditionalsatz, der eine Bedingung zum Ausdruck bringt, z. B.
  „*Wenn* der Verfasser Profifußball und Sport miteinander gleichsetzt, ist er unsachlich."

- der Konsekutivsatz, der eine Folge zum Ausdruck bringt, z. B.
  „Viele Helfer leisten ehrenamtliche Jugendarbeit, *sodass* man nicht sagen kann, Sport sei nur Show."

Diese vielen Nebensatztypen sind sicher etwas verwirrend, aber der größte Teil davon wird dir im Deutschunterricht schon einmal begegnet sein. Um den vollständigen Überblick über die verschiedenen Nebensätze zu bekommen, sieh sicherheitshalber noch einmal in dein Sprachbuch.

Merke dir aber, dass es für die begründende Stellungnahme besonders wichtig ist, Zusammenhänge herzustellen zwischen den einzelnen Teilen deiner Argumente oder den einzelnen Teilen deines Aufsatzes. Um die Nebensätze noch einmal abschließend zu trainieren, formuliere die nachstehenden Stichworte zu einer zusammenhängenden Argumentation:

> 1) Autoverkehr in Innenstädten auf 30 km/h begrenzen; viele Kinder werden Opfer im Straßenverkehr (Begründung). – 2) In unserem Stadtteil im letzten Halbjahr 6 Kinder tödlich verunglückt und 14 schwer verletzt; von Autos angefahren (Begründung). – 3) Unfälle nicht ereignet; Autos langsamer gefahren (Bedingung). – 4) Autofahrer fahren schnell; verboten (Einschränkung). – 5) Nicht so bleiben; Strafen stark heraufsetzen (Zweck). – 6) 10 km/h zu schnell; Führerschein abgeben (Bedingung) – 7) Kinder von Eltern auf Gefahren vorbereitet; nichts geschieht (Bedingung). – 8) Meine Kinder auf alle Gefahren beim Schulweg und im Stadtviertel hingewiesen; verhalten sich vorsichtig (Folge) – 9) nicht auf Autofahrer verlassen (Begründung).

Der Text beginnt dann so:

> Der Autoverkehr in den Innenstädten sollte unbedingt auf 30 km/h begrenzt werden, denn viel zu viele Kinder werden Opfer im Straßenverkehr. …

Übung 166 Setze den Text fort, indem du die angegebenen inhaltlichen Beziehungen zwischen den Teilsätzen durch konjunktionale Nebensätze herstellst.
▶ *Lösung Seite 167*

Übungen

Übung 167 Suche bei den einzelnen Sätzen, besonders bei denen der Begründung, auch nach anderen möglichen Formulierungen für denselben Sachverhalt.
▶ *Lösung Seite 167*

Über die Notwendigkeit, Argumentationszusammenhänge herzustellen hinaus gibt es noch einige andere wirkungsvolle Mittel zur Gestaltung der begründeten Stellungnahme:

→ 1. Du kannst denjenigen, auf den du dich beziehst, oder deine Leser direkt anreden oder an sie *appellieren*:
„Niemand von Ihnen, liebe Leser, würde doch auf die Idee kommen, einen ehrenamtlichen Trainer einer Jugendmannschaft als geldhungrigen Showstar zu bezeichnen."
„Gehen Sie doch einfach mal zum Training einer Kindermannschaft und sehen Sie, mit welcher Begeisterung die Jugendlichen dabei sind!"

→ 2. Du kannst in deine Argumentation *Fragen einstreuen, auf die du eigentlich gar keine Antwort erwartest (rhetorische Fragen).*
Der Zweck ist es, deine eigene Meinung als völlig selbstverständlich darzustellen oder die Meinung des anderen als unbegründet zu kennzeichnen.
„Meint der Verfasser wirklich, es gehe beim Fußball nur ums Geschäft und gar nicht um Sport?"
„Würden Sie auf die Idee kommen, ein ehrenamtlicher Trainer wäre nur scharf auf einen Werbevertrag?"

→ 3. Du kannst eine *Pointe* einbauen, also eine überraschende sprachliche oder inhaltliche Wendung:
„Übrigens: Im Stadion kann man während des Spiels auch auf den Rasen sehen!"

Wichtig ist, dass diese Mittel nicht in übertriebenem Maße eingesetzt werden, weil sie dadurch an Wirkung verlieren würden.

Übung 168 *Versuche nun, in die Antwort auf den ‚Fußball-Kommentar' weitere Appelle, rhetorische Fragen und Pointen einzubauen, und folge dabei den Stichworten:*
► *Lösung Seite 167/168*

- FÜR APPELLE: überlegen, welch große Arbeit und Anstrengung hinter dem Spiel steht; bedenken, dass nicht die Spieler schuld sind, wenn ihnen so viel Geld geboten wird; einfach besser unterscheiden zwischen Profifußball und Breitensport;
- FÜR RHETORISCHE FRAGEN: kein Unterschied Profis – Amateure; Schuld der Zuschauer, wenn so viel Rummel gemacht wird; Alternative: nicht mehr hingehen;
- FÜR POINTEN: Eintrittsgeld als ‚Ablösesumme' ansehen: vom Fernsehen.

Übung 169 *Formuliere zunächst die entsprechenden Sätze und suche dann nach einem besonders geeigneten Platz dafür in deiner begründeten Stellungnahme.*

5.5 Abschlussübung: Begründete Stellungnahme - Leserbrief

Hier hat sich ein Journalist offenbar sehr über die Zustände im Jugendzentrum seiner Stadt geärgert:

Lesetext

„Als Vater eines 14-Jährigen und Anwohner des hiesigen Jugendzentrums habe ich Einblick in den Zustand und das Denken unserer Jugend – und ich muss sagen, es ist erschreckend. Da setzt ihnen die Stadt ein teuer und aufwändig eingerichtetes Gebäude hin, aber unsere Sprösslinge wissen weder damit noch anscheinend mit sich selbst etwas anzufangen. Der wichtigste Posten ist der des Freizeitpädagogen, der Programme und Projekte ausarbeitet, die die Jugendlichen dann doch nicht akzeptieren. Rumhängen ist auch bequemer. Ich muss sagen – wir hatten früher keine ‚Freizeitpädagogen', und wer dann tatsächlich nichts mit sich anfangen konnte, der wurde halt verstärkt zur Arbeit mit herangezogen. Vielleicht sollte man darüber wieder einmal nachdenken.

Wenn man hört, wie es in einem solchen ‚Juzi', wie es niedlich heißt, aussieht, kann einen das kalte Grausen packen: Die Wände beschmiert, die Einrichtungsgegenstände zerstört. Ein Großteil der neuen Einrichtung soll schon unbrauchbar sein. Es scheint, als habe die junge Generation kein Gefühl mehr für Wert und Geld. Schließlich haben wir, die Steuerzahler, das alles bezahlt und erst einmal hart dafür gearbeitet. Wer glaubt, dass er das alles so einfach wieder kaputt machen kann, dem müssen wir unmissverständlich sagen, dass er selbst für den Schaden aufzukommen hat und wir keinesfalls gleich wieder neue Sachen hinstellen werden, die sowieso gleich wieder zerstört werden.

Ohnehin kommt man als Elternteil allmählich dazu, sich nach dem Nutzen solcher Jugendzentren zu fragen. Die Kinder sind der Kontrolle ihrer Eltern entzogen, und was dabei herauskommt, sieht man ja an den Statistiken der Polizei. Alle Welt rätselt, wie es zu der steigenden Jugendkriminalität kommen kann – dabei müsste man nur in der eigenen Stadt einmal nach dem Rechten sehen. Die ältere Generation hat zu den Treffs der Jugend keinen

Zutritt, und im Schatten solcher Unabhängigkeit entfalten dann kriminelle Elemente ihre Aktivitäten. Und das scheint allemal interessanter zu sein als die Angebote der Freizeitpädagogen.

Neulich habe ich einmal im Haushaltsplan unserer Stadt nachgesehen und große Augen bekommen. Raten Sie einmal, wie viel Geld dort für die Unterhaltung des städtischen Jugendzentrums veranschlagt war: 200.000 EUR, fast eine Viertelmillion! Und wenn ich mich so umschaue, wo überall Geld fehlt: bei der Seniorenversorgung, bei Kindergärten, für die Erhaltung der öffentlichen Straßen und an vielen weiteren Stellen. Auf der anderen Seite: 200.000 EUR jährlich für ein Jugendzentrum, dessen Angebote nicht genutzt werden, dessen Inventar zerstört wird, das die Jugendlichen der Kontrolle ihrer Eltern entzieht. Da liegt doch ein Gedanke nahe: das Jugendzentrum schließen, dafür sorgen, dass die Jugendlichen wieder etwas Sinnvolles mit ihrer Freizeit anfangen können und das Geld woanders sinnvoller verwenden."

Übung 170 Der Verfasser dieses Artikels sagt klar und deutlich, was er will. Was hältst du von seiner Absicht, das Jugendzentrum zu schließen?
Formuliere deine Meinung in 2–3 Sätzen.

Übung 171 Welche Gründe führt er für seine Meinung an? Welche Vorwürfe macht er den Jugendlichen?
Notiere dir stichwortartig die einzelnen Vorwürfe und ihre Begründungen.
▶ *Lösungen Seite 168*

Übung 172 Schreibe dir in Stichworten zu den einzelnen Vorwürfen, die der Verfasser erhebt, auf, was du davon und von der Begründung des Verfassers hältst.

Übung 173 Gibt es aus deiner Sicht Gründe, die gegen eine Schließung des Jugendzentrums sprechen? Notiere, was dir einfällt, stichwortartig und überlege, wie wichtig diese Argumente im Vergleich zu den anderen sind.

*Übung 174 Schreibe einen **kurzen** Leserbrief (ca. 10–15 Zeilen) als Antwort auf den Artikel.*

Übung

Übung 175 Eine Gruppe im Jugendzentrum hat sich zusammengesetzt und überlegt, wie sie den Artikel aussagekräftig widerlegen kann. Dabei sind ihr folgende Argumente eingefallen:

- es gibt im Jugendzentrum viele AGs, an denen sich die Jugendlichen beteiligen: Fotografie, Moped, Batik usw.;
- keine Erinnerung daran, schon viele Eltern bei der Eingangs- und Passkontrolle zurückgewiesen zu haben!;
- wer mangelnde Kontrolle beklagt, hat kein Vertrauen zu seinen Kindern und anderen Jugendlichen;
- die Polizei hat bisher wenig Gründe gehabt, im Jugendzentrum zu ermitteln;
- Jugendliche wollen nicht unbedingt mit ihren Eltern vor dem Fernseher sitzen und die ‚Volkstümliche Hitparade' sehen;
- der Verfasser wäre nicht zufriedener, wenn die Jugendlichen Bier trinkend in der Fußgängerzone herumsäßen;
- das Haus heißt zwar Jugendzentrum, aber das Verbotsschild für Erwachsene wurde letzte Woche abmontiert;
- in der Tat wird auch anderswo Geld benötigt, aber auch für die Jugendarbeit;
- es ist keinem Älteren verboten, mal im Jugendzentrum vorbeizuschauen;
- natürlich gibt es einige ‚Randalinskis', die ihre Wut an den Gegenständen auslassen, aber das sind nur wenige und nach Möglichkeit reparieren die Jugendlichen die Sachen selbst;
- wenn manche mit ihrer Zeit nichts anzufangen wissen, liegt das auch daran, dass Freizeit viel Geld kostet, viele aber keine Arbeit haben;
- Vorschlag: einfach mal vorbeikommen.

Übungen

Übung 176 *Ordne die Argumente den einzelnen Vorwürfen zu.*

Übung 177 *Fallen dir noch weitere Gegenargumente ein (vgl. o.)?*
► *Lösung Seite 168*

Übung 178 *Prüfe: Welche dieser Einwände eignen sich für einen direkten Appell an den Verfasser oder die Leser der Zeitung, welche für eine rhetorische Frage und welche für eine Pointe?*
► *Lösung Seite 168*

Übung 179 *Fallen dir noch weitere Möglichkeiten dafür ein?*
► *Lösung Seite 169*

Übung 180 *Überlege, wie du deinen Leserbrief insgesamt aufbauen willst. Du kannst die Reihenfolge des Artikels einhalten und ihn Punkt für Punkt widerlegen, du kannst aber auch ganz andere Dinge in den Vordergrund stellen. Achte aber auf den Bezug zur Sache und darauf, dass die Widersprüche möglichst gut begründet werden.*

Übung 181 *Verfasse nun einen ausführlichen Leserbrief, in dem du begründest, warum die Forderung nach Schließung der Jugendzentren deiner Meinung nach ungerecht und falsch ist.*

Übung 182 *Wenn du noch weitere Übungsmöglichkeiten brauchst, kannst du ausführliche, begründete Stellungnahmen zu den beiden folgenden Kurzberichten entwerfen:*

Lesetext

Walkman-Verbot in der U-Bahn gefordert

Ein Verbot, in der U-Bahn Walkman zu hören, hat der Vorsitzende der Interessengemeinschaft Ruhiger Nahverkehr, Emil Sondermann, gefordert. Die Benutzung der Mini-Kassettenrekorder sei auf ein unerträgliches Maß gestiegen und damit auch die Belästigung all derer, die in Ruhe ihre Fahrt genießen wollten. „Gegen ihren eigenen Willen müssen sich ältere Bürger dem hämmernden Rhythmus der Techno-Musik aussetzen.", kritisierte Sondermann. Schon oft sei es dabei zu Streitereien gekommen, die nicht selten in Handgreiflichkeiten endeten. Die Musik mache die ‚Kids' aggressiv, sie würden zu älteren Mitbürgern unhöflich und pöbelten sie an. Auch für die Jugendlichen selbst stelle der bis an die Schmerzgrenze gehende Lärm eine gesundheitliche Gefährdung dar. Daher spreche alles für ein Verbot der Walkmen in der U-Bahn und in Bussen; wer dagegen verstoße, dem solle das Gerät einfach abgenommen werden.

Inline-Skater immer rücksichtsloser

Das Verhalten der Inline-Skater in den Fußgängerzonen und auf den Straßen unserer Stadt wird immer rücksichtsloser. Ohne Vorwarnung rasen sie an ahnungslosen Passanten vorbei; besonders ältere Menschen erschrecken sich, und der Einkauf wird zum Horror. Niemand möchte den jungen Leuten eine böse Absicht unterstellen, aber manchmal wirkt es, als hätten sie Spaß daran, ihre Umwelt in Angst und Schrecken zu versetzen. Sie selbst sind ja meistens auch gut genug gepolstert; die Menschen, die vor Schreck vielleicht wirklich stürzen, sind es nicht. Schlimmer sind die Folgen, wenn ein Autofahrer unvermutet ausweichen muss und so einen Sach- oder gar Personenschaden verursacht.

Man sollte an verantwortlicher Stelle einmal über geeignete Maßnahmen nachdenken, etwa das Inline-Skating nur noch auf bestimmten Plätzen zu gestatten oder für rüpelhaftes Verhalten Strafen anzudrohen.

6. Der Kurzvortrag

Auf dem Zettel, der durch die Reihen geht, sind schon etliche Themenvorschläge durchgestrichen:

~~Judo~~
~~Wie ein Motor funktioniert~~
Napoleon
Krebs – eine Krankheit und ihre Bekämpfung
~~Der Mensch lernt fliegen~~
Wilde Tiere: Wölfe, Bären, ...
~~Vulkanismus~~
Die Kernenergie
...

Martin ist noch unschlüssig. Er fragt seinen Freund Matthias, wofür er sich entschieden hat.

„Die Geschichte des Fliegens", antwortet dieser. „Darüber weiß ich sowieso schon einiges, und dann finde ich 's auch sehr spannend. Vor gut 100 Jahren war das Fliegen noch ein Traum, und heute ist der Himmel voll mit Riesenflugzeugen, und die Menschheit fliegt in den Weltraum ... Da guck ich mir noch ein paar Bücher an. Was willst du denn nehmen?"

„Weiß ich noch nicht genau. ‚Wilde Tiere' fänd ich schon interessant. Erinnerst du dich, als wir neulich mit der Klasse im Zoo waren – das Bärengehege? Die lagen total faul da und wurden vom Wärter mit Fischen beworfen!"

„Das war wohl die Fütterung. Besonders glücklich wirkten sie aber nicht, dass ihnen alles ins Maul flog."

„Nein, deshalb wär 's ja ganz interessant mal zu wissen, wie sie in freier Wildbahn leben. Darüber gab es vor einiger Zeit auch mal einen ganz tollen Film."

„Na, Mensch, dann nimm doch das Thema."

„Aber so viel weiß ich auch noch nicht drüber."

„Ist doch nicht schlimm. Wozu gibt 's Bücher? Und du musst dir immer vorstellen, dass die Zuhörer noch weniger Ahnung haben."

So entscheidet sich Martin für das Thema „Bären".

Der Kurzvortrag hat das Ziel, zu einem bestimmten Thema in ca. 10 Minuten die wichtigsten Informationen zu geben. Dabei geht es aber nicht darum, so viel Information wie möglich zu geben, sondern so viel, dass der Zuhörer über die wichtigsten Tatsachen und Zusammenhänge informiert ist. Anschaulich ist der Kurzvortrag, wenn er nicht nur aus Informationen besteht, sondern auch persönliche Erfahrungen und Eindrücke enthält.

Info

6.1 Die Vorüberlegungen

„Was findest du denn an den Bären besonders beeindruckend?“, will Matthias nach ein paar Tagen wissen.

„Na, die Größe vor allem. Und wenn sie aufrecht stehen, dann wirken sie wie gigantische Menschen. Eine unglaubliche Kraft müssen die haben. Bei dem Gewicht.“

„Und einen ungeheuren Appetit.“

„Kannst du dir vorstellen, dass es auch bei uns mal Bären gegeben hat?“

„Vorstellen nicht, aber gehört habe ich ’s schon mal. Darüber solltest du unbedingt was erzählen. Und auch darüber, wieso die ausgerottet oder vertrieben wurden.“

„Das liegt an der Umweltverschmutzung und daran, dass die Menschen sie als ihre Feinde ansehen.“

„Also“, gibt Matthias Martin am Ende noch den Tipp, „pass auf, dass du in deinem Vortrag nicht nur über das Tier informierst. Das ist natürlich das Wichtigste, aber versuche auch möglichst viel zu erzählen, was es ‚drumherum‘ noch so gibt.“

Matthias selbst hat sich zu seinem Thema ‚Der Mensch lernt fliegen‘ folgende Fragen aufgeschrieben:

Wie funktioniert eine Gasturbine bei einem Düsenjet?
Wer waren die wichtigsten Flugpioniere?
Wie viele Menschen passen in einen Jumbo?
Seit wann fliegen Menschen ins Weltall?
Was war mit Ikarus?
Ist Fliegen gefährlich?
Wie wird man Pilot?
Wie schnell sind Flugzeuge?
Wie teuer ist ein Flugzeug?
Wie funktioniert ein Segelflugzeug?

Übung 183 Welche dieser Fragen sind für eine Behandlung im Referat geeignet, welche nicht? Fallen dir zum Thema ‚Fliegen‘ noch weitere Fragen ein?
► *Lösung Seite 171*

Übung 184 Formuliere Fragen, die dir zum Thema ‚Bären' einfallen. Welche könnten im Rahmen eines Kurzvortrages gut beantwortet werden?

▶ *Lösung Seite 171*

Übung

Ein Kurzvortrag sollte mehrere Gesichtspunkte eines Themas behandeln - dann wird er nicht langweilig, und du kannst dein ganzes Wissen unter Beweis stellen. Aber er sollte auch nicht so ‚voll gestopft' sein, dass der Zuhörer die Übersicht verliert. Der erste Schritt beim Verfassen eines Kurzvortrags ist daher die *Eingrenzung des Themas.* Das geht besonders gut mit der ‚Frage-Methode': Denke dir möglichst viele Fragen zum Thema aus und überlege, welche davon in einem Vortrag beantwortet werden könnten und welche nicht.

Info

Ein größeres Problem stellt für Martin die Ordnung der einzelnen Teilaspekte dar. Womit soll er anfangen, womit soll er aufhören? Matthias zeigt ihm, wie er sich den Aufbau seines Referats vorgestellt hat:

- Wie es vorher war → (Sputnik, Apollo 11, Space Shuttle)
- Die ersten Flugversuche → (Verschiedene Flugzeugtypen; Rolle der Technik heute)
- Die Technik → (Montgolfier, Lindbergh, Ikarus, Gagarin)
- Die Weltraumflüge → (Verkehrswege, Forschung)
- Einzelne Menschen aus der Geschichte des Fliegens → (Ballon, erste Fluggeräte, bis zum ersten Flug der Gebr. Wright)
- Die Bedeutung der Luftfahrt für die Welt von heute → (Der Menschheitstraum vom Fliegen; Ikarus und Dädalus)

Übung 185 Ordne die Angaben in den Klammern den einzelnen Teil-Überschriften zu.

▶ *Lösung Seite 171*

Übungen

Übung 186 Kannst du einen Grundsatz erkennen, nach dem Matthias beim Aufbau seines Kurzvortrags vorgegangen ist?

▶ *Lösung Seite 171*

Übungen

Übung 187 Welche verschiedenen Gesichtspunkte zum Thema ‚Bären' könnt ihr dem Gespräch zwischen Martin und Matthias entnehmen?
▶ *Lösung Seite 171*

Übung 188 Fallen dir noch weitere Gesichtspunkte ein?
▶ *Lösung Seite 171*

Übung 189 Wenn du bereits jetzt eine erste Anordnung der einzelnen Teilthemen vornehmen willst, in welcher Reihenfolge würdest du die Teile anordnen? Denke daran: Am Ende eines Teils sollen deine Zuhörer möglichst neugierig sein auf den nächsten Teil.
▶ *Lösung Seite 172*

Info

Bei der Anordnung der einzelnen Teilgebiete geht man am besten vom Allgemeinen zum Besonderen vor, denn die allgemeine Information ist ja immer die Grundlage für besondere Erkenntnisse.

6.2 Wie fange ich an?

„Na dann viel Spaß bei der Bärenjagd!", wünscht Matthias.

„Aber ich hab keine Ahnung, wie ich das schaffen soll."

„Denke daran, vom Allgemeinen zum Besonderen. Und die ersten ganz allgemeinen Informationen bekommst du ..."

„... aus dem Lexikon. Aber wir haben zu Hause nur ein ganz kleines, da finde ich sicher nicht genug."

„Dann gehst du eben in die Bibliothek", empfiehlt Matthias.

Gesagt, getan. In der Bibliothek fotokopiert er sich aus einem mehrbändigen Lexikon, einer Enzyklopädie, einen Artikel. Als er ihn zu Hause noch einmal in Ruhe liest, denkt er nach: „Natürlich kann ich in der Schule nicht einfach den Lexikonartikel vorlesen. Da steht zwar das Wichtigste drin, aber viel zu knapp und zu kompliziert. Ich muss mir heraussuchen, was für den Vortrag in der Schule wichtig ist und worauf ich eingehen will."

Martin streicht sich also in dem Artikel das Wichtigste an:

Lesetext

Bären [eigtl. = Braune], ◊ (Ursidae) Raubtierfamilie mit etwa 8 Arten in Europa, Asien und Amerika; Körperlänge etwa 1 m bis nahezu 3 m, ♀ kleiner als ♂; Körper massig, Beine relativ kurz und sehr kräftig, Schwanz sehr kurz und kaum sichtbar; Augen und Ohren klein, Fell meist lang und zottig; Sohlengänger; Allesfresser, zeitweise überwiegend vegetarisch lebend; oft umfangreiche Wanderungen ausführend, in kalten Gebieten zeitweilige, öfter unterbrochene Winterruhe; Tragzeit etwa 6–9 Monate, Neugeborene sehr klein (etwa 230–450 Gramm schwer). – Zu den B. gehören ↑ Braunbär, ↑ Eisbär, ↑ Höhlenbär, ↑ Schwarzbär, ↑ Brillenbär, ↑ Kragenbär, ↑ Malaienbär und ↑ Lippenbär. – Die ↑ Kleinbären bilden eine eigene Familie.

Die eiszeitl. Höhlen- und Braun-B. bevorzugten Höhlen als Schlaf- und Sterbeplätze. Sie wurden schon im Mittelpaläolithikum von Menschen daraus vertrieben und gejagt. Ob es schon damals einen mit Bestattung oder Opfer verbundenen „B.kult" gegeben hat, ist sehr umstritten, obwohl Funde in verschiedenen Höhlen Europas so gedeutet werden. Dagegen legen Darstellungen in der jungpaläolith. Höhlen- und Kleinkunst Westeuropas nahe, dass B. dort eine gewisse Bedeutung in Kult und Ritus hatten. Bereits im 3. Jt. v. Chr. wurden in Mesopotamien B. gehalten. Aus Syrien wurden um 2500 v. Chr. B. nach

Ägypten gebracht (Wandrelief im Tempel des Königs Sahure). – Die Kaiser Valentinian I. und II. hielten sich B. zum Bewachen ihrer Privatgemächer. In röm. Theatern wurden B. bei Tierspielen und Gladiatorenkämpfen vorgeführt und getötet. Noch im 18. Jh. ließ man B. mit Stieren oder Hunden kämpfen. – Im alten China, bei den Griechen und Römern (die diese Sitte in ihren Provinzen nördl. der Alpen einführten) wurden B. von Gauklern mitgeführt. Noch im 20. Jh. werden Tanz-B. umhergeführt und für den Zirkus dressiert.

Der über den gesamten zirkumpolaren Raum verbreitete B.kult ist von besonderer Bedeutung für die vergleichende Religionswissenschaft, da er vielleicht eine der ältesten archäolog. belegten religiösen Betätigungen der Menschheit darstellt. Im Volksglauben lebte dieser Kult bis in die neuere Zeit fort. So galt in Lappland der Bär noch im 18. Jh. als heilig. Bei den Ureinwohnern Japans und bei den Niwchen an der Amurmündung und auf Sachalin wurden B. als niedere Götter verehrt. An besonderen Festtagen wurden eigens zu diesem Zweck aufgezogene B. getötet, damit die frei werdende Seele zwischen Menschen und Göttern vermittle.

Auch um naturgeschichtl. Eigentümlichkeiten spann sich der Aberglaube, z. B. um die Ähnlichkeit des enthäuteten B. mit dem Menschen. Bei den asiat. und slaw. Völkern galt der Bär als Weib, bei den europ. als Mann. Häufige Märchenmotive sind die Verwandlung eines Menschen in einen B. und die Ehe zwischen Mensch und Bär, aus deren Verbindung oft ein B.sohn entsteht. Ähnl. Vorstellungen kannte auch die griech. Mythologie: Als Bär zeugte Zeus mit der Kallisto den Arcas. Bärenfell, B.haut, B.klauen und B.zähne wurden als Amulette gegen Krankheiten und Zauberei benutzt. Der Genuss von B.blut, B.herz und B.gehirn sollte Stärke verleihen und die Fantasie anregen. B.milch sollte von Ohrenleiden. B.augen von fiebrigen und nervösen Beschwerden befreien. Die Geschlechtsteile des B. sollten die Fruchtbarkeit fördern. B.fett war bis ins 19. Jh. hinein ein angesehenes Heilmittel.

(aus: Meyers Enzyklopädisches Lexikon, Bd.3, Bibliografisches Institut, Mannheim / Wien / Zürich 1971)

Ü Übungen

Übung 190 *Zu welchen Fragestellungen hat sich Martin Unterstreichungen gemacht? Notiere in Stichworten.*

► *Lösung Seite 172*

Übung 191 *Setze die Unterstreichungen in den letzten beiden Absätzen fort.*

Übung 192 Vergleiche deine Anordnung der Teilbereiche aus der Übung 189 mit der des Lexikonartikels.

Übung 193 Welche Gesichtspunkte des Lexikons hat Martin nicht berücksichtigt? Warum wohl?
▶ *Lösung Seite 172*

Schon beim ersten Durchlesen des Artikels in der Bibliothek hat Martin gemerkt, dass er noch weitere Bücher und Artikel benötigt, um genug Material für einen guten Vortrag zu haben. Doch schnell hat er in der Biologie- und Tierabteilung drei Bücher gefunden, in denen es um Bären geht:

- Wolfgang Hensel/Udo Kruse-Schulz/Gunter Peter, Bären, Stuttgart: Frankh-Kosmos 1996;
- Falk Scheithauer, Im Reich der Bären, Würzburg: Arena 1994;
- Annemarie und Christian R. Schmidt, Das Buch der Tierfamilien: Bären, Luzern: Kinderbuchverlag 1987.

Martin informiert sich zunächst einmal über den Inhalt der drei Bücher. Selbst wenn er sich für das meiste interessiert, was mit Bären zu tun hat, kann er für seinen Vortrag nicht alles gebrauchen.

Studiere die Inhaltsverzeichnisse der Bücher auf Seite 170 und bearbeite dann die folgende Aufgabe:

Übung 194 Welche einzelnen Kapitel aus den drei Büchern werden Martin für seinen Vortrag besonders interessieren? Warum?
▶ *Lösung Seite 172*

Martin liest sich also die entsprechenden Kapitel durch und bekommt neue gute Ideen für den Kurzvortrag und dafür, wie er ihn aufzubauen hat. Aber bald merkt er, dass die Kapitel, die er sich ausgesucht hat, zwar recht interessante Aspekte des Themas behandeln, aber vielleicht doch nicht genau genug sind für den Vortrag und eventuelle Rückfragen.

Also geht er noch einmal in die Bibliothek und sieht im *Schlagwortverzeichnis* nach.

Auf der Suche nach Literatur für einen Kurzvortrag sind die Schlagwortregister in den Bibliotheken eine große Hilfe. Einfach ein Suchwort in den Computer eingeben oder in einem Karteikasten nachschlagen, und schon werden einem alle Bücher, die es in der Bibliothek zum Thema gibt, genannt. Dass die Bücher dann auch gerade ausleihbar sind, ist damit noch nicht gesagt.

Deshalb: Rechtzeitig vor dem Kurzvortrag die Bibliothek aufsuchen!

Unter den vom Schlagwortregister genannten Büchern können natürlich auch viele sein, die ihr für eure Aufgabe gar nicht so gut verwenden könnt. Manche sind zu schwierig, manche zu speziell, manche zu alt ... Ihr müsst euch euer Material also gut ansehen, bevor ihr mit der eigentlichen Arbeit beginnt – am Ende spart das Zeit.

6.3 Vom Fachbuchartikel zum Stichwortzettel

„Na, wie steht 's denn mit den Bären?", will Matthias nach einigen Tagen wissen. In zwei Wochen sollen die Vorträge beginnen.

„Na, es geht so, die wichtigsten Sachen habe ich zusammen, aber jetzt lese ich gerade an einem Kapitel aus einem Buch, das ziemlich schwierig ist – ziemlich viele Fremdwörter und sehr komplizierte Sätze ..."

„Bei den Fremdwörtern musst du echt aufpassen, dass es nicht zu viele werden in deinem Vortrag und vor allem, dass du sie selbst kennst. Wenn bestimmte Wörter mehrfach auftauchen, wie bei mir zum Beispiel ‚Navigation', kannst du sie auch an die Tafel schreiben mit einer kleinen Erklärung dazu. Dann gerät es nicht so leicht in Vergessenheit."

Martin setzt sich also zu Hause noch einmal an seinen Artikel und arbeitet ihn durch:

Lesetext

Reviere des Schwarzbären

Jeder erwachsene Schwarzbär besitzt sein eigenes *Territorium*. Diese Gebiete können sich zwar überschneiden, doch verteidigt jeder Bär einen Kernbereich als sein *Revier*. Geschlechtsreife Männchen wählen einen ständigen Paarungsplatz aus, der die Territorien mehrerer Weibchen berührt.

Gewöhnlich sind die Reviere der Männchen viermal so groß wie die der Weibchen. Die Reviergrößen *variieren* bei Weibchen von 6,4 bis 25,9 km^2 und bei Männchen von 26 bis 132 km^2 , wobei die Größe hauptsächlich vom Nahrungsangebot und der *Populationsdichte* abzuhängen scheint.

Die Familienbande zwischen der Bärenmutter und ihren Jungen lösen sich, sobald die Jungen etwa eineinhalb Jahre alt sind. Gewöhnlich verlassen die Halbwüchsigen dann das Gebiet, um umherzuwandern und schließlich in der weiteren Umgebung ihre eigenen Reviere zu gründen. Gelegentlich kommt es aber vor, dass die Bärenmutter ihr Revier mit einem jungen Weibchen teilt, das das *Terrain* im Falle ihres Todes übernimmt.

Schwarzbären wählen ihre Wander*routen* sehr sorgfältig aus. Normalerweise meiden sie offene Landschaften und bleiben in der

Nähe der Waldränder. In besiedelten *Regionen* bevorzugen sie Flussbetten als Wanderpfade, da Wasserläufe mit dichtem Randbewuchs günstige Fluchtmöglichkeiten bieten. (...)

Bärenbäume

Schwarzbären hinterlassen als sichtbare Zeichen nicht nur Fußspuren. Eines der faszinierendsten Merkmale ihrer Anwesenheit sind Kratzspuren an bestimmten Bäumen. Auch sagt man ihnen nach, dass sie sich an Bäumen den Rücken wetzen. (...) Der Biologe Lynn Rogers hat möglicherweise den Grund für dieses Verhalten herausgefunden. Seinem Eindruck nach *markieren aggressive* männliche Bären Bäume, um andere Männchen zu warnen und auf diese Weise gefährliche Konflikte zu vermeiden. Untersuchungen haben ergeben, dass solche Markierungen vor und während der Paarungszeit am häufigsten auftreten. Möglicherweise fördern sie auch die Paarungsbereitschaft der im betreffenden Revier lebenden Weibchen. Das würde auch die verstärkte Markierungs*frequenz* in den Wochen vor der Paarungszeit erklären.

Fortpflanzung

(...) Das befruchtete Ei teilt sich im Uterus mehrmals und schwimmt dort sechs Monate frei herum, ohne sich einzunisten und weiterzuentwickeln. Die verzögerte Einnistung findet etwa im Oktober statt. Nach einer achtwöchigen Tragzeit werden die Jungen im Januar oder Februar geboren, während die Bärin noch in der Winterhöhle liegt. Besitzt die Bärin nicht genügend Fettreserven, so findet keine Einnistung statt, das Zellengebilde wird zersetzt und vom Körper wieder absorbiert.
(...) Überträgt man das Gewichtsverhältnis von Bärenmutter und -jungem auf den Menschen, so würde ein menschliches Baby nur 140 g wiegen.

(T. Domico u. M. Newman, Die Bären der Welt, Braunschweig 1990, S. 46 f.)

Übung 195 ***Lies dir den Artikel durch. Manche der kursiv gesetzten Fremdwörter werden dir bereits bekannt sein, andere nicht. Kläre sie mit Hilfe eines Lexikons.***

Übungen

Übung 196 Unterstreiche komplizierte Sätze und mache dir dazu am Rand einige Stichwörter.

Übung 197 Versuche, anhand deiner Stichwörter den entsprechenden Zusammenhang einfacher und verständlicher auszudrücken.

Informationen für deinen Kurzvortrag bekommst du aus Lexika und Fachbüchern. Die Informationen aus einem Lexikon sind normalerweise zu knapp für einen Kurzvortrag. Die Informationen aus Fachbüchern sind oft sehr speziell und für ein Referat zu schwierig. Achte bei der Auswertung deines Materials darauf, dass du später einen gut verständlichen Text daraus machen kannst, denn die anderen sind ja keine Experten auf dem Gebiet. *Kläre die Fremdwörter und schreibe sie dir auf. Mache dir klar, was in komplizierten Satzgefügen gesagt wird, damit du sie später nicht einfach vor der Klasse vorliest.*

6.4 Gliederung und Stichwortzettel

Nach einer weiteren Woche ist Martin mit seinem Referat so gut wie fertig. Damit er den Überblick behält, legt er eine Gliederung an. Die will er mit seinem Stichwortzettel in der Stunde mit nach vorn nehmen, damit er immer weiß, was als nächstes kommt. Eine Gliederung zu entwerfen ist für Martin kein Problem, denn das haben sie im Deutschunterricht schon oft geübt. Die drei Teile Einleitung – Hauptteil – Schluss sind auch für einen Kurzvortrag geeignet.

Die Einleitung hat zum Inhalt ______________________________,

der Hauptteil dient dazu, das Thema _________________________,

und der Schluss hat die Aufgabe, ___________________________.

So schreibt Martin auf einen Zettel:

I. Einleitung

II. Hauptteil

1.

2.

3.

4.

III. Schluss

Übung

Übung 198 *Trage hinter ‚Einleitung' und ‚Schluss' sowie hinter die Ziffern des Hauptteils mit einem Stichwort ein, worüber Martin an dieser Stelle wohl sprechen wird.*

▶ *Lösung Seite 172*

Übung 199 Matthias hat Martin noch geraten, nicht etwa zusätzlich zur Gliederung noch einen extra Stichwortzettel mit nach vorn zu nehmen. Warum wohl?

▶ *Lösung Seite 173*

Übungen

Übung 200 Du weißt ja nun schon recht genau, worüber Martin referieren will. Ergänze hinter den einzelnen Überschriften, die du eben in der Gliederung angebracht hast, einige aussagefähige Stichworte, die Martin bei seinem Vortrag helfen können.

Du musst dazu die Gliederung etwas ‚auseinander ziehen'. Übertrage sie mit Überschriften und Stichworten in dein Heft, aber achte darauf, dass sie nicht länger wird als eine Seite.

▶ *Lösung Seite 173*

Eine geordnete und mit einigen Stichworten versehene Gliederung ist ein wichtiges Hilfsmittel für deinen Vortrag. Die Gliederung hilft dir, in der von dir angelegten Ordnung des Vortrags zu bleiben. Wenn du einmal den ‚roten Faden' verloren hast, kannst du dich in einer Gliederung viel leichter zurechtfinden als im vollständigen Vortragstext. Damit die Gliederung eine echte Hilfe für dich ist, achte darauf, dass sie groß und deutlich geschrieben ist und die Überschriften und Stichworte wirklich aussagekräftig sind.

Info

6.5 Die Hilfsmittel

Als Martin mit der Ausarbeitung seines Vortrags schon fast fertig ist, macht er in der Fernsehzeitung eine Entdeckung, von der er seinem Freund Matthias sofort berichtet.

„Du, morgen kommt im Fernsehen in einer Tiersendung etwas über Bären. Ob ich das wohl zeigen kann, wenn ich meinen Kurzvortrag mache?"

„Klar, wir sollen doch alles ganz anschaulich machen und nicht bloß irgendwas erzählen, was kaum jemand versteht. Aber ich sehe auch ein Problem."

„Du meinst die Länge?"

„Klar, du kannst doch nicht 10 Minuten etwas erzählen und dann 45 Minuten einen Film zeigen."

„Aber ich kann den Film aufzeichnen und darauf achten, ob es eine Stelle gibt, die besonders gut zu meinem Vortrag passt."

„Klar, das kannst du machen. Aber pass auf, dass du keine ‚Show' veranstaltest und vor lauter Bildern, Modellen und dem Film von deinem Vortrag nichts mehr übrig bleibt."

„Ja, da hast du wohl Recht. Was nimmst du denn, damit sich die anderen alles etwas besser vorstellen können?"

„Ich habe ein Schaubild mit den wichtigsten Stationen aus der Geschichte des Fliegens als Folie. Dann gebe ich noch ein paar meiner selbst gebastelten Modelle von frühen Flugzeugen durch die Reihen, und vielleicht lasse ich noch ein Fotobuch mit höchst merkwürdigen Flugzeugen rumgehen. Mehr nehm ich aber nicht."

Übungen

Übung 201 *Was würdest du Martin raten – soll er seinen Filmausschnitt zeigen oder nicht?*
► *Lösung Seite 173*

Übung 202 *Sollte er den Filmausschnitt in seinen Vortrag einbauen oder ihn erst am Ende zeigen?*
► *Lösung Seite 173*

Übung 203 *Überlege dir aus dem Stegreif ein paar ‚Hilfsmittel' zu den am Anfang des Kapitels genannten Themen.*
► *Lösung Seite 173/174*

Hilfsmittel im Rahmen eines Vortrags dienen dazu, die Informationen anschaulich und interessant zu machen. Wichtige Hilfsmittel sind Übersichten und Diagramme (etwa zu geschichtlichen Themen), Landkarten, Modelle und vor allem Bilder. Bei Filmen musst du darauf achten, dass

- sie im Verhältnis zum Vortrag kurz genug sind (nur Auszüge);
- sie genau zum Thema passen.

Prüfe vor deinem Kurzvortrag, welcher *technische Aufwand* für deine Hilfsmittel nötig ist (Tageslichtprojektor, Diaprojektor, Videorecorder). Sorge rechtzeitig dafür, dass sie am Tage deines Vortrages verfügbar sind. Überlege vorher, ob sich der technische Aufwand auch wirklich lohnt.

Info

6.6 Der Vortrag

Endlich ist es soweit. Noch drei Tage, dann ist Martin mit seinem Vortrag an der Reihe.

„Ich hab schon einen Riesenbammel", gesteht er Matthias, „vor allen anderen frei zu sprechen, wie es der Müller von uns will. Da verspricht man sich einmal, und alle lachen."

„Kann ich verstehen. Ich find 's auch nicht so angenehm", antwortet Matthias. „Aber so schnell werden die anderen hoffentlich nicht lachen – die sind doch in derselben Situation wie wir."

„Ich weiß nicht, wie man das machen soll – frei sprechen. Warum lässt er uns bloß nicht vorlesen?"

„Er sagt, dann klinge es schnell langweilig und heruntergeleiert und schon bald höre niemand mehr zu. Weißt du, was ich gemacht hab – ich hab 's fast auswendig gelernt!"

„Wenn das mal gut geht!", gibt Martin zu bedenken. „Ich hab ja schon Probleme mit einem kleinen Gedicht. Ich glaub, das ist keine so gute Methode."

Übungen

Übung 204 Es ist wirklich nicht besonders sinnvoll, einen Kurzvortrag auswendig zu lernen. Warum hat Matthias Recht?
▶ *Lösung Seite 174*

Übung 205 Was würdet ihr Martin und Matthias raten?
▶ *Lösung Seite 174*

Martin hat sich überlegt, dass er nicht nur Sachwissen in seinem Referat vortragen will. Er hat ja selbst etwas im Zoo gesehen, was ihm zu denken gegeben hat. Den faul und teilnahmslos herumliegenden Bären flog das Futter buchstäblich um die Ohren. Das hört sich vielleicht ganz lustig an, aber Martin fand es dann gar nicht so witzig.

Übungen

Übung 206 Warum hat Martin dieses Erlebnis zu denken gegeben?
▶ *Lösungen Seite 174*

Übung 207 An welcher Stelle in seinem Vortrag könnte er dieses Erlebnis gut einbauen?
▶ *Lösung Seite 174*

Und damit es nicht nur ‚trockener', langweiliger Stoff wird, den Martin vorträgt, hat er sich überlegt, auch eine Stelle aus einem Roman vorzulesen, wo es um eine Bärenjagd geht.

Übung 208 Was hältst du von der Absicht Martins, eine Stelle aus einem Roman oder einer Geschichte vorzulesen?
▶ *Lösung Seite 174*

Übung 209 Worauf muss man dabei wohl achten, damit der Schuss nicht ‚nach hinten losgeht'?
▶ *Lösung Seite 174*

Übung 210 Wo in seinem Vortrag lässt sich wohl die Stelle mit der Bärenjagd besonders gut einbauen?
▶ *Lösung Seite 174*

Es ist gut, wenn man einen Kurzvortrag mit einigen persönlichen Erlebnissen oder mit Auszügen aus Geschichten ‚anreichern' kann. Persönliche Erlebnisse sind besonders gut als Einstieg am Anfang des Kurzvortrages geeignet, denn sie machen die Zuhörer neugierig und erklären auch, warum man sich das Thema ausgesucht hat. Wenn du zu deinem Thema keine direkten persönlichen Erlebnisse hast, kannst du nach einem *aktuellen* Anlass suchen. Zum Thema ‚Geschichte des Fliegens' kannst du etwa auf eine große Flugzeugkatastrophe hinweisen, zum Thema ‚Vulkanismus' auf einen großen Vulkanausbruch usw.
Einen informierenden Kurzvortrag um einen Text aus einer Geschichte zu ergänzen ist eine gute Möglichkeit etwas Abwechslung in den Vortrag einzubauen, denn zu viele Sachinformationen können ermüdend wirken. Dabei musst du aber auf Folgendes achten:

- Der Auszug aus dem Text muss kurz sein und darf auf keinen Fall mehr Platz einnehmen als die Informationen.

- Der Text muss sich wirklich auf das Thema beziehen. Am besten ist es, wenn er sich genau auf das Teilthema bezieht, das du gerade erklärt hast.

- Gut ist es auch, den Auszug aus der Geschichte zum Schluss des Kurzvortrags, praktisch als eine Art Zusammenfassung, vorzulesen; dann wiederholst du nicht einfach nur die wichtigsten Informationen.

Abschließend noch einige Tipps zum Vortrag selbst. Wenn du gezielt übst und zu Hause vielleicht einmal vor dem Spiegel trainierst, wird dir das freie Sprechen nicht schwer fallen:

→ 1. Achte darauf, dass du vor dem Vortrag alle Materialien, die du benötigst, also auch deine Hilfsmittel, übersichtlich auf dem Tisch bereitgelegt hast. Den wichtigsten Platz hat dein Stichwortzettel.

→ 2. Warte, bis es in der Klasse ruhig ist. Es ist zwecklos, gegen Gemurmel und Unaufmerksamkeit anreden zu wollen.

→ 3. Fange mit dem Thema und, wenn möglich, einem persönlichen oder aktuellen Bezugspunkt an, der dein Interesse am Thema erklärt.

→ 4. Sieh die Klasse und auch einzelne immer wieder an, während du sprichst – das schafft Kontakt zwischen Vortragendem und Zuhörern.

→ 5. Sprich deutlich und nicht zu schnell. Im Zweifelsfall frage, ob man dich auch in der letzten Reihe versteht.

→ 6. Mache zwischen einzelnen Abschnitten deines Vortrages kurze Pausen.

→ 7. Verwende Überleitungsformeln wie: „Nachdem ich über ... berichtet habe, komme ich nun zu ...", „Im Anschluss an ... möchte ich nun ...".

Mit Hilfe dieser Formeln kannst du auch *Zwischenergebnisse* festhalten.

Übung 211 Versuche weitere Überleitungsformeln und Schlussformeln zu finden.

→ 8. Rede ab und zu die Zuhörer selbst an.

→ 9. Setze einen deutlichen Schlusspunkt.

Lösungen

1. Die Inhaltsangabe

1.1 Nacherzählung oder Inhaltsangabe?

▶ ***Lösung 1***

Stephanies Text ist spannender, denn sie versucht, ihren Mitschülern eine besonders spannende Stelle zu erzählen, damit sie verstehen können, warum ihr der Film so gut gefallen hat. – Lars möchte dagegen über den Inhalt des Buchs informieren und gibt daher eine sachliche Zusammenfassung.
Stephanie schmückt ihren Text mit ausdrucksstarken Verben und Adjektiven aus und erzählt in der Vergangenheit. Lars beschreibt den Inhalt des Buches nüchtern und ohne viel ‚schmückendes Beiwerk'; seine Beschreibung ist im Präsens.
Um als Filmkritik (etwa für die Schülerzeitung) abgedruckt zu werden, müssten die Teile, die zum mündlichen Erzählen gehören („Ein ganz toller Film ist das."; „Ich sage euch ...") weggelassen werden.
Lars gibt kein Urteil über das Buch ab.
Stephanie hat eher nacherzählt, Lars hat den Inhalt zusammengefasst.

▶ ***Lösung 2***

Nacherzählung	Inhaltsangabe
• Spannungsbogen und Höhepunkt	• sachliche Sprache
• richtige Reihenfolge	• richtige Reihenfolge
• keine persönliche Stellungnahme (im Aufsatz)	• evtl. persönliche Stellungnahme am Schluss
• wörtliche Rede	• keine wörtliche Rede
• Erzählhöhepunkt aus-gestalten	• kurz und knapp
• mit eigenen Worten	• Beschränkung auf das Wesentliche
• Lebendigkeit	• Präsens
• Vergangenheitsform (Präteritum)	• nur „Er-Perspektive" (3. Ps.)
• Einleitungssatz	

► *Lösung 3*
Nacherzählung:

Ein Fürst reiste einst nach Frankreich. Unterwegs bekam er plötzlich großen Hunger und beschloss in einem einfachen Wirtshaus einzukehren. Er bestellte drei gesottene Eier, die ihm der Wirt auch brachte. Anschließend legte er ihm die Rechnung vor: 300 Livres – anscheinend ein ungeheuer hoher Preis für 3 Eier. „Sind denn Eier eine solche Seltenheit hier?", fragte der Fürst erstaunt. „Nein", antwortete der gewitzte Wirt, „aber Herrschaften, die so viel dafür bezahlen können."
Doch als der Fürst das dem König von Frankreich erzählte, war der entsetzt über die Unverschämtheit des Wirts. „Warten Sie nur ab", sagte er, „wenn Sie auf der Rückreise wieder in dem Gasthause hereinschauen, werden Sie sehen, dass in meinem Land Gerechtigkeit herrscht." Als der Fürst dann aber tatsächlich auf dem Rückweg bei dem Gasthaus einkehren wollte, sah er kein Schild mehr daran und fand Türen und Fenster zugemauert.

Inhaltsangabe:

In der Kalendergeschichte *Teure Eier* geht es um Gerechtigkeit.
Ein Fürst bekommt auf der Reise nach Frankreich Hunger und kehrt in einem einfachen Wirtshaus ein. Für drei gesottene Eier muss er dort 300 Livres bezahlen und zwar nicht, weil Eier so rar seien, wie der Wirt sagt, sondern die Gäste, die so viel bezahlen könnten. Der Fürst akzeptiert dieses Argument lachend, aber der König, als er davon hört, ist entsetzt und verspricht für Gerechtigkeit zu sorgen. Als der Fürst auf der Rückreise wieder bei dem Gasthause vorbeikommt, findet er das Haus verlassen und die Fenster zugemauert vor.

► *Lösung 4*
Die Nacherzählung ist länger, weil sie Stimmungen und persönliche Gefühle beschreibt und auch wörtliche Rede enthält.

► *Lösung 5*
Der Fürst merkt zwar, dass er betrogen wird, scheint aber den Wirt auch ganz gewitzt zu finden und die Geschichte nicht allzu schwer zu nehmen.

► ***Lösung 6***
Die Inhaltsangabe nimmt eine neutrale Haltung ein, indem sie den Text bloß zusammenfasst.

► ***Lösung 7***
Die Inhaltsangabe ist eine nüchterne Textzusammenfassung, die einen Text aus der Perspektive der 3. Person zusammenfasst und dabei innerhalb des Textes für keine Seite Partei ergreift. Sie ist sachlich und hat einen gewissen Abstand zum Geschehen, sie möchte nicht die Gefühle des Lesers ansprechen.

► ***Lösung 8***
Es geht um die Geschichte zweier Freunde und die Toleranz gegenüber Außenseitern.

► ***Lösung 9***
Der Ich-Erzähler ist neun, Jenö ist acht Jahre alt.

► ***Lösung 10***
Der Erzähler rupft Gras für seine Meerschweinchen, Jenö liegt auf derselben Wiese herum.

► ***Lösung 11***
Jenö wirkt durch seine abgerissene Kleidung, seinen Geruch und sein Verhalten zunächst fremd auf den Erzähler.

► ***Lösung 12***
Der Erzähler findet Jenö nach dem ersten ‚Schock' interessant; beide sind abenteuerlustige Jungen.

► ***Lösung 13***
Abs. 1: Ein seltsamer Junge; Abs. 2: Interesse und Freundschaft.

► ***Lösung 14***
Nicht wichtig sind:
- Der Ich-Erzähler liest Krimis.
- Der Ich-Erzähler züchtet Meerschweinchen.
- In einiger Entfernung befindet sich ein Sportplatz, auf dem Fußball gespielt wird.
- Jenö fragt, ob der Erzähler Pferde habe.

▶ *Lösung 15*

Jenö hat abgerissene Sachen an und riecht nach Feuer und Pferdestall. Er sagt, er esse Meerschweinchen und Igel und ausserdem raucht er. Die Jungen finden Interesse aneinander. Bevor der Erzähler und Jenö auseinander gehen, verabreden sie, sich wieder zu treffen.

▶ *Lösung 16*

Die Kurzgeschichte *Jenö war mein Freund* von Wolfdietrich Schnurre handelt von der Geschichte zweier Freunde und der Toleranz gegenüber Außenseitern.

▶ *Lösung 17*

Der neunjährige Ich-Erzähler und der achtjährige Zigeunerjunge Jenö begegnen sich, als der Erzähler auf der Wiese hinter einem Sportplatz Gras für seine Meerschweinchen rupfen will. Jenö hat abgerissene Sachen an und riecht nach Feuer und Pferdestall. Er sagt, er esse Meerschweinchen und Igel, und außerdem raucht er. Nachdem der Erzähler die erste Scheu überwunden hat, finden sie Interesse aneinander und beschließen, sich wieder zu treffen.

▶ *Lösung 18*

Z. 25–31	Die Bedenken des Vaters;
Z. 32–45	Jenö kommt zum Kaffeetrinken – das Barometer ist weg;
Z. 46–58	Gegenseitige Geschenke. Jenö lehrt die Meerschweinchen Kunststücke;
Z. 59–73	Igeljagd
Z. 74–90	Jenös Leute: Die Zigeunersippe
Z. 91–96	Das Igelessen
Z. 97–106	Jenös Besuche – Vater biegt die Beschwerden ab;
Z. 107–113	Die Sache mit der Eisenbahn
Z. 114–124	Jenö und seine Sippe werden (von den Nazis) abgeholt

▶ *Lösung 19*

- Freundschaft der beiden Jungen;
- Fremdartigkeit des Zigeunerlebens;
- Toleranz des Vaters;
- Rassismus der Nazis und Schicksal der Zigeuner.

▶ *Lösung 20 und 21*

Der Ich-Erzähler und Jenö freunden sich miteinander an. Trotz erster Bedenken seines Vaters darf der Junge Jenö zum Kaffeetrinken mit nach Hause bringen. Als hinterher das Barometer fehlt, ist er entsetzt, der Vater dagegen reagiert recht ruhig und meint, Jenös Leute hätten eben andere Sitten. Er will das Barometer von Jenö zurück haben, aber der macht ihm ein schönes Gegengeschenk, eine selbst geschnitzte Pfeife, so dass der Erzähler nichts mehr fordern kann.
Er schenkt Jenö seinerseits zwei Meerschweinchen, die dieser nicht isst, sondern geschickt dressiert.
Ein anderes Mal gehen sie zusammen auf Igeljagd, wobei sich Jenö als echter Fachmann erweist. Anschließend werden die Igel im Zigeunerlager gebraten, wobei der Erzähler von den fremden Gebräuchen und Menschen dort fasziniert ist, besonders von Jenös Großmutter. Auch den Geschmack der Igel findet der Erzähler aufregend.
Jenö ist oft bei dem Jungen und seinem Vater zu Besuch, allerdings klaut er auch öfter etwas. Der Vater bleibt merkwürdigerweise immer ziemlich ruhig. Dem Jungen geht es aber schließlich zu weit, als Jenö nach und nach immer mehr Teile seiner elektrischen Eisenbahn klaut. Als er sie ihm schließlich aber komplett schenken will, nimmt Jenö sie nicht an.
Schließlich werden Jenö und seine Sippe von den Truppen der Nationalsozialisten abgeholt und vermutlich in ein Konzentrationslager gebracht. Jenö scheint es im Gegensatz zu seiner Großmutter noch nicht zu ahnen. Der Erzähler aber ist traurig, denn Jenö war sein Freund.

▶ *Lösung 22*

Die wörtliche Rede wird umgewandelt. Die Inhaltsangabe enthält keine wörtliche Rede.

▶ *Lösung 23*

Die Inhaltsangabe enthält kaum Angaben zu den Gefühlen der beteiligten Personen. Die entsprechenden Stellen werden meist nicht berücksichtigt.

▶ *Lösung 24*

Beschränkung auf die wichtigsten Angaben.

▶ *Lösung 25*

In der Inhaltsangabe wird aus der 1. und 2. Ps. Sg. die 3. Ps. Sg. Die Bildung der indirekten Rede erfolgt aus dem Präs.-Stamm + Personalendung.

▶ Lösung 26
es regne, ihr sehet, du habest, sie laufe, ihr fahret, du spielest, sie esse, er dürfe, es sei

▶ Lösung 27
Befolgt man die Regel zur Bildung der indirekten Rede rein formal, müsste es heißen:

- Karl meint, sie haben genug Proviant eingepackt.
- Iris ruft, sie kommen schon.
- Uta denkt, bestimmt verspäten wir uns.

Da bei allen Formen der Indikativ Präs. und Konj. I übereinstimmen, muss in diesen Fällen der Konj. II verwendet werden:

- Karl meint, sie hätten genug Proviant eingepackt.
- Iris ruft, sie kämen schon.
- Uta denkt, bestimmt verspäteten sie sich (würden sie sich verspäten).

▶ Lösung 28
sie zögen, wir führen, du bekämest, sie gäben, sie bäten, wir lägen, sie wüchsen

▶ Lösung 29
„Sie sagte, sie sehe ihren Fehler nun ein. Sie habe einfach zu wenig gelernt für die Arbeit, so könne man keine Prüfung bestehen. Immer nur würde sie auf den Sportplatz laufen oder Musik hören, das solle jetzt anders werden. Ihre Freunde würden schließlich auch manche Stunde über den Hausaufgaben sitzen, und das lohne sich auch, schließlich würden sie bei den Prüfungen besser abschneiden. Schließlich wollten sie alle mal einen guten Beruf haben später..."

▶ Lösung 30
Was sie bekämen, fragte George. Er wisse es nicht, sagte der eine Mann. Was Al essen wolle? Al sagte, er wisse auch nicht, was er essen wolle. (...) Er nehme die gebratene Schweinslende mit Apfelmus und Kartoffelbrei, sagte der erste Mann. Das sei noch nicht fertig. Wozu sie 's dann auf die Karte schreiben würden? Das sei das Abendessen, erklärte George, das könnten sie um sechs Uhr haben. Es sei fünf Uhr.
Die Uhr zeige zwanzig Minuten nach fünf, sagte der zweite Mann.
Sie gehe zwanzig Minuten vor, sagte George.

Zum Teufel mit der Uhr, sagt der erste Mann. Was sie zu essen hätten?
Er könne ihnen jede Sorte von belegten Broten geben, sagte George.
Sie könnten Eier mit Schinken, Eier mit Speck, Leber mit Speck oder ein Steak haben.
Er solle ihm Hühnerkroketts mit grünen Erbsen und Sahnesauce und Kartoffelbrei geben.
Das sei das Abendessen.
Alles, was sie wollten, sei das Abendessen, was? Das sei ja ein feiner Betrieb.
Er könne ihnen Eier mit Schinken, Eier mit Speck, Leber ...
Er werde Eier mit Schinken essen, sagte der Mann, der Al hieß.
(...)

► *Lösung 31*

Zwei Männer, einer davon mit Namen Al, betreten Henrys Esslokal. George, der Kellner, fragt, was sie bekämen. Nachdem sie zunächst nicht wissen, was sie essen sollen, bestellt einer von ihnen gebratene Schweinslende mit Apfelmus und Kartoffelbrei. George erklärt, das sei das Abendessen und könne erst ab sechs Uhr bestellt werden. Nach einigem Hin und Her um die Uhrzeit bietet George ihnen einige Arten von belegten Broten und Eiergerichten an. Einer der beiden Männer versucht nochmals, ein Gericht von der Abendkarte zu bestellen. Schließlich sagt Al, er werde Eier mit Schinken essen.

► *Lösung 32*

„Gerd stürzte vorwärts"	- Gerd lief
„(...) zischte sie ihr entgegen"	- entgegnete sie ihr unfreundlich
„ihrem kalten Blick"	- ihrem Blick
„floh nach Haus"	- lief nach Haus
„befahl die Mutter"	- sagte die Mutter
„fuhr zurück"	- erschrak
„hasste"	- . /.

► *Lösung 33*

Die Wörter spiegeln einerseits die feindselige Atmosphäre zwischen Gerds Mutter und Ruth, andererseits Ruths Verzweiflung über ihren Vater sowie allgemein eine traurige Stimmung wider.

► *Lösung 34*

Der längere Text geht zu sehr auf die Gefühle der beteiligten Personen ein.

► *Lösung 35*

Stimmung der Geschichte: „Ihre Mutter heult verzweifelt. In Ruth steigt Hass auf."
In persönlicher Sicht: „seine entsetzliche Mutter", „sinnlos betrunkenen Alten", „Unbegreiflicherweise", „Natürlich"

► *Lösung 36*

Ruth geht mit Gerd zu dessen Haus, in dem sein Vater gestorben ist. Sie möchte gern mit hineinkommen, aber Gerds Mutter verwehrt ihr unfreundlich den Eintritt. Sie läuft nach Hause, wo sie ihre Mutter weinend vorfindet. Ihr Vater liegt betrunken am Boden. Ruth kann es nicht verstehen. Sie fragt ihre Mutter, was los sei. Deichsels hätten ein Lämmchen zurückgeschickt, das falsch geschlachtet gewesen sei, sagt die Mutter. Der Vater würde vieles falsch machen, weil er gehetzt würde. Ruth ist verzweifelt darüber, dass sie Jüdin ist, aber die Mutter kann ihr nicht helfen.

► *Lösung 37*

Als der Hexenmeister fortgegangen ist, möchte sich sein Lehrling einmal selbst im Zaubern versuchen. Er traut sich das zu, denn er hat sich alle Lehren des Meisters gemerkt und weiß, worauf es bei der Zauberei ankommt. Mit einem Spruch verzaubert einen alten Besen, den er zu seinem persönlichen Knecht machen will. Er befiehlt ihm, Wasser zu holen, und der Besen geht tatsächlich los und schafft vom Fluss Wasser herbei. Der Junge ist begeistert, doch schon bald wird es ihm zu viel.
Er möchte den Versuch beenden, da merkt er, dass er das Wort vergessen hat, mit dem er den Besen wieder zurückverwandeln kann. Der bringt inzwischen immer neue Krüge herbei und setzt allmählich das ganze Haus unter Wasser. Die Verzweiflung des Jungen wächst, er flucht und beschließt, den Besen entzweizuschlagen. Doch hat er damit das Problem nur verdoppelt, denn er hat jetzt zwei Wasser holende Knechte.
Als er sich in seiner Verzweiflung schon gar nicht mehr zu helfen weiß, kommt der Meister zurück und verwandelt beide Besen in den ursprünglichen Zustand zurück.
Der Zauberlehrling soll daraus lernen, dass er keine Dinge tun soll, für die er noch nicht ausgebildet ist.

► *Lösung 38*

Nein, das ist Aufgabe des Einleitungssatzes, etwa:
In der Ballade *Der Zauberlehrling* von Johann Wolfgang von Goethe

geht es um einen Lehrling, der sich aus Neugier und Machtlust über die Anweisungen des Meisters hinwegsetzt und dabei selbst eine Lehre erteilt bekommt.

► ***Lösung 40***
Ohne dass die Tochter direkt auftritt, ist sie die Hauptfigur, weil sich die Eltern nur über sie unterhalten.

► ***Lösung 41+42***
Ruhig. Sie haben sich nicht viel zu sagen und unterhalten sich deshalb nur über die Tochter. – Natürlich ist es selbstverständlich, dass sich Eltern über ihre Kinder unterhalten, aber es ist nicht selbstverständlich, dass dieses das einzige Gesprächsthema ist.

► ***Lösung 43***
Im Leben der Eltern scheint nicht (mehr) viel zu passieren; sie sind den ganzen Tag zu Hause. Die Tochter arbeitet in der Stadt und die Eltern stellen sich ihr Leben wichtig und bedeutend vor.

► ***Lösung 44***
Ein Ehepaar wartet zu Hause auf die Rückkehr seiner Tochter Monika aus der Stadt, in der sie arbeitet. Während der Mann und seine Frau warten, denken sie an Monika und unterhalten sich über sie. Sie stellen sich vor, dass ihre Tochter, die in einem Büro arbeitet, eine wichtige Arbeit hat und sich elegant im städtischen Leben bewegt. Wenn sie sie aber einmal fragen, was sie in der Stadt getan habe, weiß Monika keine Antwort. Die Eltern bewundern ihre Tochter sehr, aber sie können sich nicht miteinander unterhalten. Schließlich hört die Mutter den Zug, mit dem die Tochter heimkommt, und stellt den Kaffee auf den Tisch.

► ***Lösung 45***
Absatz 3, Absatz 5

► ***Lösung 46***
Wie ist die Geschichte aufgebaut?
Was bedeutet der Titel?
Wie ist der Satzbau in der Geschichte?
Durch welche Gegenstände wird Monika charakterisiert?
Wie ist die Sprache der Geschichte gestaltet?
Wie wirkt die Geschichte und wie hat sie gefallen?

► *Lösung 47*

Frage zunächst nach dem Aufbau des dir vorliegenden Textes. Bis wohin geht die Einleitung und was erfährt man darin? Ist ein Höhepunkt erkennbar und wie ist er gestaltet? Was wird dabei besonders herausgehoben? Welche Aussage trifft der Schluss ?

Wichtig ist auch die Frage, aus welcher Sicht erzählt wird (Perspektive). Es gibt die Ich-Perspektive oder den allwissenden Erzähler , der nicht direkt an der Handlung beteiligt ist (auktoriale Perspektive). Hat die Perspektive eine Bedeutung für den Inhalt? Wird sie vielleicht sogar einmal gewechselt?

Bei der sprachlichen Gestaltung kommt es vor allem auf die Wortwahl und den Satzbau an. Der Gebrauch ausdrucksstarker Wörter oder eine Häufung von Adjektiven und Adverbien können eine Stelle herausheben oder eine Person anschaulich beschreiben. Umgekehrt kann eine besonders einfache Sprache auch eine traurige Stimmung erzeugen.

Lange, verschachtelte Satzgefüge drücken oft aus, dass etwas besonders kompliziert ist. Eine Häufung von Ausrufesätzen deutet auf Aufregung hin. Einfache, nebeneinandergestellte Sätze erzeugen einen gleichmäßigen und höhepunktlosen Eindruck.

Am Ende der erweiterten Inhaltsangabe kann eine begründete Meinungsäußerung stehen. Der Leser deines Textes sollte jetzt verstehen, warum dir die Geschichte oder das Gedicht gefällt oder nicht.

► *Lösung 48*

Die Geschichte zeigt die Probleme, die entstehen, wenn zwei verschiedene Kulturen aufeinander treffen, aber auch (vor allem am Beispiel des Vaters), wie Rassismus überwunden werden kann.

► *Lösung 49*

Zur Überraschung des Jungen ist der Vater jedesmal sehr tolerant, wenn Jenö etwas geklaut hat. Er entschuldigt Jenö sogar („Sie haben andere Sitten als wir, es hat ihm eben gefallen."), was der Erzähler nicht versteht. Hinterher stellt sich heraus, dass der Vater auch Beschwerden der Hausbewohner über Jenö abgebogen hat. Vermutlich handelt er so,

weil er weiß, wie schwer es Zigeuner zu allen Zeiten hatten und dass sie unter den Nationalsozialisten von Verfolgung bedroht waren. Vielleicht hätte eine Anzeige das Todesurteil für Jenö und seine Leute bedeutet. So ist der Vater ein Beispiel für Toleranz inmitten des Rassismus, auch wenn er den Abtransport nicht verhindern kann.
Die Charakterisierung des Vaters wird sich sinnvollerweise an die Zusammenfassung der Handlung anschließen.

► *Lösung 50*
verabreden ein neues Treffen; nimmt; sich das Gestohlene wieder zu besorgen; Treffen; ... nicht nur, wie man Igel schmackhaft zubereitet, sondern noch mehr; geschieht; wird abgeholt; begreift; Beide sind zu jung, um zu verstehen, was geschieht.; sagt; Der Junge beschreibt sich selbst; Der Text enthält viel wörtliche Rede; Im Text werden anschauliche Bilder verwendet.

► *Lösung 51*
Erzähltechnische Beobachtungen aus Anjas Aufsatz:
Die Geschichte wurde in der Ich-Perspektive geschrieben und beginnt mit einer Selbstvorstellung des Erzählers, eines neunjährigen Jungen. Es gibt keinen richtigen Schluss. Der Leser kann frei entscheiden, was aus den beiden Jungen wird.
Der Text enthält viel wörtliche Rede. Der Junge kommt aus besseren Verhältnissen als Jenö. Das erkennt man an der Redeweise des Vaters. Der Text ist chronologisch aufgebaut. Ab und zu gibt es Rückblenden. Es werden sprachliche Bilder verwendet, durch die man sich das Geschehen besser vorstellen kann: „ (...) wie das Wasser in den Lehmkugeln langsam zu singen anfing".

Zu ergänzen wären:
Der einfache Satzbau lässt auf einen jugendlichen Erzähler schließen. Die Geschichte hat eigentlich zwei Höhepunkte: Zum einen das Igelessen bei den Zigeunern, als der Junge von den Sitten und Gebräuchen fasziniert ist, zum anderen den Schluss der Geschichte, als Jenö und seine Sippe von den Truppen der Nationalsozialisten abgeholt werden.

► *Lösung 52*
Die Geschichte spielt in der Zeit des Nationalsozialismus. Neben den Juden wurden auch die Zigeuner Opfer des Rassismus. An der Reaktion der Hausbewohner auf Jenös Besuche kann man sehen, wohin der

Rassismus führt, an der Reaktion des Vaters, wie man Rassismus überwindet.

▶ ***Lösung 53***

Am Beispiel Jenös und des Erzählers zeigt die Geschichte die Probleme und Missverständnisse, die entstehen, wenn sich zwei völlig verschiedene Kulturen begegnen. Der Junge ist aber auch von der Lebensweise der Zigeuner fasziniert, und es wird gezeigt, wie Freundschaft stärker sein kann als Rassismus. Vor allem auch an der Figur des Vaters zeigt die Geschichte, wie man durch kluge und tolerante Reaktionen den Rassismus überwinden kann.

2. Die Beschreibung eines Fotos oder Bildes

► *Lösung 56*

Alex hat sich vermutlich dafür interessiert, unter welchen Umständen Marco gelebt hat, in welcher Stadt und ob die Familie in einer Wohnung oder in einem eigenen Haus gewohnt hat, ob Marco ein eigenes Zimmer hatte, aber auch, ob er viele Freunde hatte, welche Schule er besucht hat usw.

► *Lösung 57*

Vergleiche Lösung 56: Marco hätte also noch viel genauer erzählen können.

► *Lösung 60*

Wie viel Menschen sind zu sehen?
Handelt es sich um ältere oder jüngere Menschen? Was tun sie?
Zu welcher Jahreszeit ist das Foto vermutlich aufgenommen?
Was ist im Hintergrund zu sehen?

► *Lösung 61*

Kinderspiel auf einem Straßenfest. Kinderfest.

► *Lösung 62*

a) Die Bewertung stimmt nicht mit dem Foto überein, denn die Kinder sind fröhlich.
b) Hier wird zu viel geraten. Das Bild zeigt nicht, dass die Erwachsenen froh sind, ihre Kinder losgeworden zu sein.
c) Ähnlich wie bei b): Es gibt keinen Anhaltspunkt dafür, dass die Kinder das Mädchen vom Spiel ausgeschlossen haben.

► *Lösung 63*

Das Foto zeigt ein Kinderfest in einer Stadt. Viele Kinder stehen zusammen mit einem Erwachsenen um ein Tuch herum und spielen ein Spiel, bei dem sie anscheinend Spaß haben. Die Szene spielt wahrscheinlich im Sommer, weil ein Sonnenschirm aufgespannt ist und Sitzbänke aufgestellt wurden.

► *Lösung 64*

a) Das Foto zeigt einen winterlichen Markt. Einige Leute bewegen sich zwischen ein paar Marktständen. Daran, dass sie dick angezogen sind und die Bäume keine Blätter haben, erkennt man, dass es Winter ist.

b) Das Foto zeigt eine Tanz- oder Kampfsportdarbietung zweier Männer. Viele Zuschauer stehen in einem Kreis um sie herum. Vermutlich wurde das Foto im Sommer aufgenommen, denn die Darbietung findet im Freien satt, und die Menschen sind sommerlich gekleidet.

▶ *Lösung 65*

Rot	Wärme, Aufregung, Aggressivität
Blau	Offenheit, Weite
Grün	Leben, Wachstum, Ruhe
Gelb	Hitze, Anstrengung

▶ *Lösung 67*

Die ersten Sätze bzw. Teilsätze enthalten jeweils eine Feststellung, die zweiten Sätze bzw. Teilsätze eine Vermutung.

▶ *Lösung 68*

Bei den Feststellungen steht das Verb im Modus Indikativ, bei Vermutungen im Modus Konjunktiv. Außerdem werden Vermutungen mit Hilfe von Modaladverbien zum Ausdruck gebracht („anscheinend", „vielleicht" etc.).

▶ *Lösung 69*

1) Der Abfall und der herumliegende Programmzettel, die sich im Vordergrund des Bildes befinden, deuten darauf hin, dass sich die Szene in einer Großstadt abspielt.
2) Aus der Tatsache, dass sich die oberen Spieler auf den unten stehenden abstützen, kann man Rückschlüsse auf die Härte des Spiels ziehen.
3) Der Blauton, in dem das Bild gehalten ist, erzeugt eine Atmosphäre der Kälte, die die ganze Szene umgibt.
4) Das Händeringen eines Spielers sieht aus wie ein Hilferuf.
5) Der obere Spieler macht einen sehr konzentrierten Eindruck, was aber auch zeigt, dass er keine rechte Freude am Spiel hat.
6) Durch die Darstellung der das Bild beherrschenden Personen entsteht ein stellenweise bedrohlicher Eindruck.

▶ *Lösung 70*

Am oberen Bildrand ist der strahlend blaue Himmel zu sehen. Im Hintergrund befindet sich ein großes gelbes Kornfeld. Den Bildmittelpunkt bildet ein großer blauer Karren. Links davon ist ein Heuhaufen zu sehen, hinten rechts befindet sich ein Haus. In der unteren Bildhälfte sind zwei grüne Felder und ein Zaun abgebildet. Vorn links steht Korn.

▶ ***Lösung 72***

Die Szene scheint in einer Großstadt zu spielen, weil eine Stahlkonstruktion ins Bild ragt und im Hintergrund ein größeres Haus zu sehen ist. Der Spieler des schwarzen Teams, der am höchsten gestiegen ist, kann den Gegner nicht mehr erreichen, obwohl er sich auf anderen Spielern abstützt.

Unten hält sich ein Spieler an der Latte fest, damit er nicht stürzt. Links unten umklammern sich zwei Spieler, was fast aussieht wie eine Umarmung, obwohl sie Gegner sind.

Man hat den Eindruck, alle würden zusammenstürzen, wenn der unterste Spieler die Latte loslassen oder diese herunterstürzen würde. Der hintere Spieler sieht dem Gerangel zu, als ob es ihn nichts anginge.

▶ ***Lösung 73***

Ein Mann steht im Hintergrund; entweder ist es der Schiedsrichter, denn er hat weder ein schwarzes noch ein weißes Trikot an, sondern ein blaues, oder es ist doch ein anderer Spieler. Würde er gern eingreifen? Oder hat er längst den Wunsch aufgegeben, aktiv mitzumischen? Im Bildmittelpunkt steht ein dunkelhäutiger Spieler des schwarz gekleideten Teams, die muskulösen Beine gegrätscht, scheinbar freihändig auf anderen Spielern stehend. Er riskiert alles, um dem über ihm stehenden Spieler den Ball noch zu entreißen. Wird er es schaffen? Es sieht nicht so aus, obwohl er noch nicht aufgegeben zu haben scheint. Kümmern ihn die Schmerzen der anderen, oder denkt er nur an den Ball, den er bekommen muss, um einen Punkt für den Gegner zu verhindern? Konzentriert sieht er zum gegnerischen Spieler hinauf, gibt seine letzte Kraft aber auch für seine Mitspieler.

▶ ***Lösung 74***

Die ausführlichere Beschreibung ist, was die Einzelheiten betrifft, genauer. Auch werden die Vermutungen zum Bildinhalt besser begründet.

▶ ***Lösung 75***

Beschreibung 1 (li.):

Thema/Titel – zentraler Gegenstand: Rugbyspieler – Bestandteile des Bildes: Mittelpunkt – Hintergrund – Einzelheiten – Farbgebung –

Beschreibung und Deutung der Darstellung der Spieler – Interpretation von Farbgebung und Hintergrund – Übertragungsversuch – Gesamteindruck;
Beschreibung 2 (re.): Auflistung der einzelnen Bestandteile: Personen – Farbe – nähere Betrachtung der Spieler – Gesamtaussage (auf das Spiel, nicht auf das Bild bezogen)

▶ *Lösung 78*

„Wahrscheinlich ist es ein wichtiges Spiel." „Vielleicht lässt die Härte des Spiels darauf schließen, dass es sich um ein wichtiges Spiel handelt." „Damit hat das Team einen Punkt gemacht." „Es scheint sich um eine wichtige Spielsituation zu handeln. So könnte es sein, dass der obere weiße Spieler mit einem Wurf über die Stange einen Punkt für seine Mannschaft erzielt." „Komisch ist, dass die Spieler und auch die Person im Hintergrund Mützen oder Kappen auf haben. Das ist bei anderen Sportarten nicht üblich." „Die Spieler tragen Kappen, was auch auf den harten Charakter des Sports hinweist." „Wie das Spiel ausgegangen ist, kann man nicht sagen."

Bemerkung über andere Sportarten auslassen, da nicht zum Bild gehörig! Bemerkung über Ausgang des Spiels unsachlich; stattdessen Gesamtdeutung des Bildes!

▶ *Lösung 80*

b)

▶ *Lösung 82*

Erster Absatz, Satz 2 und 3;
vorletzter Absatz, Satz 1

▶ *Lösung 83*

Vor dem großen Schiff in der Mitte sieht man ein Ruderboot, das mit mehreren Männern besetzt ist. Zwar ist nicht genau zu erkennen, ob sie zum Boot hin- oder von ihm fortrudern; zur Abendstimmung würde aber passen, dass sie nach getaner Arbeit, das Schiff liegt vor Anker und ist abgetakelt, nach Hause bzw. an Land rudern.
Die beiden Männer im Vordergrund verrichten eine Arbeit; vermutlich spannen sie Netze auf. Sie machen einen ruhigen, konzentrierten Eindruck, der zur Gesamtstimmung des Bildes passt. Vielleicht führen sie eine Arbeit noch zu Ende, bevor sie den Hafen verlassen.

Im Hintergrund sind von der Stadt eine Kirche und ein weiteres größeres Gebäude zu erkennen, vermutlich das Rathaus. Wie der Wachmann im Vordergrund sind sie Zeichen für Schutz.

► ***Lösung 85***

Zunächst fasst er zutreffend seinen Gesamteindruck zusammen, den er aber durch die Kritik der Darstellung des Schiffs gleich wieder in Frage stellt. Im Schlussabsatz sollte er nicht mehr auf einzelne Details (das große Schiff, die Menschen im Vordergrund) eingehen.

3. Die Schilderung

► ***Lösung 88***

Bis zum zweiten Satz des zweiten Absatzes handelt es sich um eine realistische Darstellung, im Anschluss daran mehr um eine Art Traumbild. Hotel, Strand und Ausflug beruhen auf Tatsachen, der Rest nicht mehr.

► ***Lösung 89***

Sie will ihre Begeisterung über die fantastische Landschaft mitteilen.

► ***Lösung 90***

„die Töne, die aus allen Ecken kommen, schwellen an zu einer richtigen Sinfonie"	– eine Vielzahl verschiedenartiger Töne ist zu hören
„Angst, wenn der Boden mitgeht unter mir"	– es kommt mir vor, als schwanke der Boden unter mir

► ***Lösung 91***

Janine scheint ein eher verträumtes Mädchen zu sein, sowohl abenteuerlustig als auch etwas unsicher. Dafür spricht ihr ‚Versinken' in einer Traumwelt, aber auch die Angstgefühle, die sie dabei hat.

► ***Lösung 92***

Er geht über eine bloße Beschreibung hinaus, hat aber dennoch eine realistische Grundlage: den Urlaub.

► ***Lösung 94+95***

- <u>in der Disco:</u> dumpfes Wummern der Bässe – Lichtblitze – schweißnasse Gesichter – verrauchte, verbrauchte Luft – Stimmengewirr ...

- <u>im Regen spazieren gehen:</u> durchnässt bis auf die Haut – Prasseln des Regens – Wind – Kälte – Wasser läuft in den Nacken ...

- <u>am Strand liegen:</u> Stimmengewirr – schreiende Kinder – Meeresrauschen – bunte Bälle – stechende Sonne – erfrischender Wind ...

- <u>in einem vollen Bus:</u> zusammengequetscht sein – schlechte Luft – Schaukeln in den Kurven – Stimmengewirr – Brummen des Motors – An- und Abfahren – Zischen der Türhydraulik ...

▶ ***Lösung 97***

Text 1 ist gut gelungen, da die Schilderung nicht ‚zu realistisch' ist, aber auch nicht zu viele und unpassende Vergleiche bringt.

▶ ***Lösung 99***

Text 3

▶ ***Lösung 100+101***

Text 2 enthält einige zu ‚blasse' Formulierungen:

„in zwei Minuten"
„150 m"
„die ungeheure Kraft"

Text 3, Satz 4: Der Vergleich mit den Geldstücken ist sehr bemüht und macht das Näherkommen des Zuges dennoch nicht wesentlich anschaulicher. Stattdessen etwa: „Der Zug wird größer in dem Maße, wie er auf uns zukommt. Fenster sind zu erkennen, die der Lok sehen aus wie kleine Augen."

Satz 6: Die Personifizierung ist an dieser Stelle übertrieben. Stattdessen etwa: „Wenn der Zugführer die Bremse betätigt, klingt es, als schreie ein Ungeheuer; wir können uns nur die Ohren zuhalten."

▶ ***Lösung 102***

	Ausdrucksstarke Verben	Weniger ausdrucksstarke Verben
T.1	rauschen	sehe (→ bemerke, fällt mir ins Auge)
	tobt	wird größer (→ wächst) sind (→ erscheinen)
T.2	herangebraust	herangekommen (siehe links) hier sein (→ hereinrauschen)
T.3	schreien dringt durch …	abbremst taucht auf (→ erscheint) …

Das Übergewicht von weniger ausdrucksstarken Verben entspricht den realen Verhältnissen, auch bei der Schilderung. Die Vorschläge in den Klammern bedeuten nicht, dass in jedem Fall das jeweilige Wort ausgetauscht werden soll!

▶ *Lösung 107*
Es handelt sich nicht um eine möglichst vollständige Personenbeschreibung des Vaters, sondern um eine Situationsschilderung, zu der die Fünf den Anlass gab.

▶ *Lösung 108*
Möglich wäre: genau, gewissenhaft, aber auch humorvoll und nachsichtig

▶ *Lösung 109*
Der aufgeräumte Schreibtisch, wo alles an seinem Platz liegt, lässt auf einen genauen und gewissenhaften Charakter schließen.

▶ *Lösung 113*
humorvoll, witzig, spaßig, gewitzt, zu Späßen aufgelegt

▶ *Lösung 114*

umgangssprachlich:	düsen, brettern, schleichen, kutschieren, Kasten, Dach über 'm Kopf, Hütte, Palast, schnieke, super, toll, prima
schriftsprachlich:	rasen, flitzen, dahinrollen, gleiten, Heim, Baracke, Schloss, Behausung, prächtig, herrlich, wunderbar, süß, hübsch, elegant, exzellent

▶ *Lösung 117*
Situationsschilderung, Momentaufnahme

▶ *Lösung 118*
„Am Ufer neigen die Bäume verträumt ihre Köpfe gegeneinander."
→ *Die Baumkronen sind einander zugewandt, als würden sie sich miteinander unterhalten.*
„Was sie sich wohl zuflüstern?"
→ *Das Rascheln der Blätter im Wind klingt wie ein geheimnisvolles Flüstern.*

„ … undurchdringlich dicht wie eine exotische Fremdsprache“
→ *(Formulierung ersatzlos streichen)*
„friedliche Vollversammlung der Natur“
→ *Insgesamt bietet die Natur ein Bild vollkommenen Friedens.*

► *Lösung 122+123*
„… als ob sie vor Scham im Boden versinken wollen“
→ *Wir lassen sie zurück, wie Vertraute.*
„…, die wie ein Paradies aussieht“
„…, als ob einem kleinen Kind ein Spielzeug geschenkt wird“
→ *das Zufriedenheit anzeigt*
„dicken, grauen Wattewolken“
„…, das wie Gold glitzert“
„… wie ein Außerirdischer“
→ *wie eine völlig Fremde, neugierig, aber auch misstrauisch angesehen*
„Die Menschen klein, wie Ameisen.“
„Die Stadt wie aus Lego gebaut, und die Autos wie Match-Box.“
→ *Alles sieht aus wie eine Spielzeuglandschaft*
„… frei wie ein Vogel“

► *Lösung 124*
z. B.: „Das regelmäßige Rauschen des Motors betäubt mich beinahe, so einschläfernd ist es.“
„Mit unfreundlicher Stimme, die an einen Wachhund erinnert, fordert der Polizist unsere Papiere. Mir fährt es durch Mark und Bein: Haben wir etwas verbrochen?“
„Der Wagen schaukelt durch die Kurven wie ein Segelschiff bei leichtem Wellengang – ich finde das sehr angenehm.“

► *Lösung 125*
„Wir denken nicht mehr (...), die wie ein Paradies aussieht.“
→ *Statt der hochhausgesäumten Straßen rollt man durch eine schöne, eindrucksvolle Winterlandschaft. (unpersönliches „man“)*
„Er macht mir Angst mit seinen großen rehbraunen Augen und mit seinen vollen Brauen.“
→ *Mit seinen braunen Augen und den dichten Brauen darüber wirkt er Furcht einflößend. (Auslassen des Personalpronomens)*
„Wir dürfen weiter.“
→ *Schon rollt es wieder.* (unpersönliches ‚es‘)

„Wir begegnen immer mehr Einwohnern der winzigen Stadt."
→ *Immer mehr Einwohner der winzigen Stadt tauchen auf.* (Wechsel des grammatischen Subjekts)
„Wir sehen das riesige Tal unter uns."
→ *Plötzlich geben die Berge die Sicht in ein weites Tal frei.* (Personifizierung)

4. Das Protokoll

▶ ***Lösung 128***

1) Soll man den Flur durch Graffiti verschönern oder nicht?
2) Wer soll mitmachen?
3) Wie kann man die Schulleitung überzeugen?
4) Wie soll man vorgehen?

▶ ***Lösung 129***

Nadja – sie möchte das Projekt durchführen, fürchtet, dass die Schulleitung es nicht erlaubt, und macht Vorschläge für die Plätze.

Philipp – er versucht, das Projekt in ‚realistische Bahnen' zu lenken, macht ebenfalls Vorschläge für die Plätze und formuliert am Ende den Antrag.

▶ ***Lösung 130***

Man benötigt ein Protokoll, um den Verlauf und die wichtigsten Beiträge einer Sitzung, einer Zusammenkunft oder die Schritte eines Experiments zusammenfassen zu können.

▶ ***Lösung 131***

sachlich richtig – Zeit- und Ortsangaben – klar und sinnvoll – übersichtlich im Aufbau – Spannung – Lebendigkeit – einfacher, überschaubarer Satzbau – Präteritum

▶ ***Lösung 132***

„Im Schülerrat ging 's gestern heiß her, es gab eine längere Debatte, ob wir die Flure der Schule durch Graffiti verschönern können. Die meisten Klassensprecher waren dafür, aber Gregor aus der 7c war der Meinung, das gehe nicht, weil die Sprühdosen zu giftig sind und ja sowieso nicht alle von uns mitmachen könnten. Lisa gab zu bedenken, dass die Graffiti vielleicht nicht jedem gefallen, weil ja auch jeder Geschmack verschieden sei. Nadja aus der 9a meinte dagegen, es könne ja jeder mitmachen, der Lust dazu habe, aber das ist vermutlich auch nicht machbar, weil es sonst zu viele ‚Künstler' sind und es zu chaotisch wird. Die Kunstlehrer wollte Nadja auf keinen Fall dabei haben; an der Sprühdose traut sie sich ohnehin mehr zu als Herrn Müller. Andererseits hat sie auch Angst, dass die Schulleitung sowieso alles verbieten wird. Johannes wollte schließlich noch die Sprüh-Crew aus dem Neubauviertel engagieren; da wurde die

Diskussion echt chaotisch. Schließlich brachte Philipp das Gespräch wieder auf den Punkt, indem er fragte, welche Flächen denn besprüht werden sollten, denn alles geht ja nicht.
Schließlich haben sich auf den Vorschlag von Philipp alle darauf geeinigt, einen Antrag bei der Schulleitung zu stellen, dass wir vier Flächen besprühen dürfen, nämlich die Wand vor der 12a und oben im großen Flur, für die anderen Flächen wird noch um Vorschläge gebeten. Nicht aber beim Sekretariat – da wird 's vielleicht doch zu schwierig. Ihr könnt auch Entwürfe einreichen. Allerdings sollen die nicht im Kunstunterricht gemacht werden und auch ohne Kunstlehrer. Über die Entwürfe soll dann in der Schülerzeitung abgestimmt werden."

▶ *Lösung 133*
Das Protokoll hält das Besprochene in knapper Form fest, entweder bloß die Ergebnisse oder die wichtigsten Einzelbeiträge, diese dann aber in der richtigen Reihenfolge.

▶ *Lösung 134*

Kommt vor	Kommt nicht vor
• Vorschlag Graffiti	• Vorschlag Nadjas, dass jeder sprühen kann
• Bedenken wegen der Umwelt	• Nadja hält sich an der Sprühdose für besser als Kunstlehrer Müller
• Vorschlag Abstimmung Schülerzeitung	• Vorschlag Johannes: Sprüh-Crew Neubauviertel
• keine Kunstlehrer	
• Begrenzung der Flächen	
• Antrag	

Keine persönliche Bewertung des Gesprächs.

▶ *Lösung 135*
Sie sind für das Ergebnis und die Entscheidungsfindung nicht besonders wichtig.

► *Lösung 136*

Es sind nur die wichtigsten Beiträge aufgeführt, in Einzelfällen sind die Redner ‚genauer gekennzeichnet' (Klasse).
Zeitform: Präsens. Das Protokoll ist, gemessen an der gesamten Diskussion, relativ kurz. Die Reihenfolge ist chronologisch; der Antrag und das Abstimmungsergebnis werden genau aufgeführt.

► *Lösung 137*

2) ... wegen der Vergiftungsgefahr für kleine Kinder – 3) ... einen Kuchenstand – 4) ... brauchen wir einen Ordnungsdienst – 5) Im Bedarfsfall und auf Anfrage – 6) ... die Textverarbeitung

► *Lösung 138*

2) Für Hunde sollten die Spielplätze wegen der Verunreinigung und Vergiftungsgefahr gesperrt werden.

3) Es soll ein Kuchenstand auf dem Schulfest aufgemacht werden, um das fehlende Geld für die Klassenfahrt zu beschaffen.

4) Die Räume sollten auch nachmittags für interessierte Schüler geöffnet bleiben, wenn es einen Ordnungsdienst gibt.

5) Bei Bedarf und auf Anfrage wollen Winfrieds Eltern Proviant spendieren.

6) Helga möchte sich einen Computer kaufen, da sie Journalistin werden will und die Textverarbeitung beherrschen muss.

► *Lösung 139*

Die Kinder, die spielten, waren fröhlich. – Der Mann, der lachte, fiel allen auf.

► *Lösung 140*

1) Die einzurichtende AG soll sich mit Fotografie beschäftigen.

2) Das bis fünf Uhr fertigzustellende Werkstück muss allen Ansprüchen genügen.

3) Die einzukaufenden (zu besorgenden) Sprühdosen sind ohne Treibgase.

4) Wegen der zu befürchtenden Bestrafung verschwieg ich die schlechte Note.

5) Das zu reparierende Auto soll noch ein paar Jahre fahren.

► ***Lösung 141***

1) Trotz höflichen Fragens erteilt man uns nur Absagen.

2) Um einer sinnvollen Betätigung willen wollen wir die Flure umgestalten.

3) Wegen der Schonung der Umwelt verzichten wir auf Treibgase.

4) Ungeachtet des Missfallens (vieler) bin ich für den Entwurf.

5) Wegen der Dunkelheit des Flurs sollten wir helle Farben verwenden.

6) Trotz fehlenden Geldes planen wir die Aktion.

► ***Lösung 142***

In der indirekten Rede wird aus der 1. Pers. in der wörtlichen Rede die 3. Pers.; das Verb steht normalerweise im Konjunktiv I, ersatzweise im Konjunktiv II. (Vgl. Kap. 1)

5. Argumentieren und begründet Stellung nehmen

▶ *Lösung 145*

sinnvolle Pausenbeschäftigung – keine Hausaufgaben mehr in den Pausen – gegen Langeweile in den Pausen in den Klassenräumen

Einsatz für Schulgemeinschaft – gute Möglichkeit für Dialog Schüler-Lehrer – klassenübergreifendes Projekt

▶ *Lösung 146*

1. sinnvolle Pausenbeschäftigung; 2. keine Langeweile (und Hausaufgaben) mehr in den Pausen; 3. Einsatz für die Schulgemeinschaft; klassenübergreifendes Projekt; 4. aktuelle Informationen, vieles geht schneller, Vertretung; 5. gute Möglichkeit für Dialog Schüler-Lehrer; 6. kleine Wortbeiträge: üben im Schreiben; 7. Wortbeiträge können schon zu Hause aufgenommen werden; 8. Musik entspannt.

▶ *Lösung 147*

…könnten wir uns vorstellen, dass viele Beiträge, aber auch Musik schon zu Hause vorproduziert werden. Dann müsste nur noch der verantwortliche ‚Redakteur' die jeweilige Kassette einlegen und für die Übertragung ins ‚Netz' sorgen. – Auch zur Kooperation Lehrer-Schüler könnte das Schülerradio seinen Beitrag leisten. Einerseits können Schüler und Lehrer am Programm direkt zusammenarbeiten – es wäre schön, wenn wir einen begleitenden Lehrer oder An-sprechpartner hätten. Andererseits bietet das Schülerradio auch die Möglichkeit, sich zu aktuellen Problemen an der Schule zu äußern, natürlich ohne jemanden unsachlich oder persönlich anzugreifen. Vielleicht kommen die Lehrer so besser ins Gespräch mit uns.

So glauben wir, dass ein Schülerradio den Alltag an unserer Schule auflockern und bereichern würde. Darum bitten wir Sie …

▶ *Lösung 148*

Das Argument muss schlüssig sein, d. h. auch für andere, die von der Sache nichts verstehen, nachvollziehbar.

▶ *Lösung 149*

„Wenn sie mit Musik und ein paar Informationen aus der Schule auf Trab gebracht sind, gehen sie bestimmt mit mehr Power in den Unterricht."

→ *Es besteht die Gefahr, der Direktor könnte denken, dann seien die Schüler eher abgelenkt im Unterricht.* Daher z. B. „Musik und Informationen lenken die Schüler nicht ab, sondern vertreiben die Langeweile und halten sie auf dem Laufenden; so werden viele besser gelaunt in den Unterricht gehen."

▶ ***Lösung 150***

Im Fußball bzw. der Fußball-Bundesliga geht es nicht um Sport, sondern um Geld.

▶ ***Lösung 152***

Fanartikel; hohe Eintrittspreise; Werbung; alkoholische Getränke; Spielerwerbung; Spielerverdienste; Transfersummen

▶ ***Lösung 153***

Fanartikel und alkoholische Getränke muss man ja nicht kaufen.

▶ ***Lösung 154***

Vom Spiel selbst schreibt er gar nichts.

Die Bundesliga ist nur ein kleiner Teil des Fußballs; der Breitensport und die Arbeit in den Amateur-Vereinen ist viel wichtiger. Für Jugendliche ist der Sportverein ein Schutz vor anderen Einflüssen.

Fußball hat auch etwas Völkerverbindendes.

▶ ***Lösung 155***

Der Schreiber von Brief 1 argumentiert auf persönlicher Basis, der von Brief 2 in allgemeiner Hinsicht.

▶ ***Lösung 156***

Brief 1 geht mit der persönlichen Erfahrung über den Artikel hinaus, mit seiner Meinung zum Geschäft geht er auf den Artikel ein.

Brief 2 geht nicht auf den Artikel ein, da er einen ganz anderen Ausgangspunkt hat.

▶ ***Lösung 157***

Sowohl an die Leser („Solange sich kein Zuschauer beschwert, ...") als auch an den Verfasser des Artikels.

► *Lösung 158*

Sie argumentieren sowohl mit sachlichen Gegenargumenten als auch mit persönlichen Erfahrungen; bei den persönlichen Erfahrungen schreiben sie stärker emotional.

► *Lösung 160*

Er will seine Meinung mit einem Beispiel anschaulich machen, illustrieren. Wenn das geht, passt es auch in den Leserbrief.

► *Lösung 163*

Thesen: Inline-Skating verbieten, Briefmarkensammeln schönes Hobby, im Urlaub verreisen ist schön; in der Schule sollte man um einen guten Abschluss bemüht sein; viel Fernsehen ist schädlich.
Begründung: Schutz der Fahrer selbst und anderer Verkehrsteilnehmer; man lernt etwas über die Welt und lernt Leute kennen; man lernt fremde Länder kennen und kann sich entspannen; es ist wichtig für den späteren Arbeitsplatz; Konzentrationsschwäche und Übermüdung
Stütze: viele Unfälle, hoher Schaden; Bruder aktives Mitglied im Briefmarkenclub, hat viele Freunde; letztes Jahr in Griechenland sehr interessant und schön; heute viele Jugendliche ohne Lehrstelle, die ganz ohne oder mit schlechtem Abschluss sind schlecht dran; jeden Montag am Morgen in der Schule zu merken

► *Lösung 164*

Man sollte Inline-Skating verbieten, weil man die Fahrer und anderen Verkehrsteilnehmer schützen muss, denn es gibt schon jetzt zu viele Unfälle mit hohem Schaden.
Briefmarkensammeln ist ein schönes Hobby, bei dem man etwas über die Welt lernt, Freunde trifft, so wie bei meinem Bruder, der ein aktives Mitglied in einem Briefmarkenclub ist und viele Freunde hat.
Im Urlaub zu verreisen ist entspannend und interessant zugleich, denn man lernt fremde Länder und Menschen kennen und kann sich zugleich entspannen, wie ich es im letzten Jahr in Griechenland selbst erlebt habe.
In der Schule muss man um einen guten Abschluss bemüht sein, weil es wichtig ist, um einen Ausbildungsplatz zu bekommen, denn schon heute sind Bewerber ganz ohne oder mit schlechtem Schulabschluss schlecht dran.
Wie man jeden Montagmorgen in der Schule feststellen kann, führt Dauerfernsehen zu Konzentrationsschwächen und Übermüdung, weshalb man es als schädlich bezeichnen kann.

▶ *Lösung 165*

1) Teer verklebt die Lunge, und Nikotin macht süchtig, demnach *(folglich, daher, also, deshalb, deswegen, somit, infolgedessen)* schadet Rauchen der Gesundheit.
Weil Teer die Lunge verklebt und Nikotin süchtig macht, schadet Rauchen der Gesundheit.
2) – 5): Auf ähnliche Art und Weise möglichst viele Sätze bilden.

▶ *Lösung 166*

Weil sie von Autos angefahren wurden, sind in unserem Stadtteil im letzten Halbjahr 6 Kinder tödlich verunglückt, und 14 wurden schwer verletzt. Diese Unfälle hätten sich nicht ereignet, *wenn* die Autos langsamer gefahren wären. Doch *obwohl* es verboten ist, fahren die Autofahrer schnell. *Damit* das nicht so bleibt, müssen die Strafen stark heraufgesetzt werden. *Wenn* jemand 10 km/h zu schnell fährt, muss er bereits den Führerschein abgeben. Aber auch die Kinder müssen von ihren Eltern auf die Gefahren aufmerksam gemacht werden, *damit* keine Unfälle geschehen. Ich habe meine Kinder auf alle Gefahren beim Schulweg und im Stadtviertel hingewiesen, *sodass* sie sich vorsichtig verhalten, *weil* man sich nicht auf die Autofahrer verlassen kann.

▶ *Lösung 167*

Satz 2: In unserem Stadtteil wurden 6 Kinder tödlich und 14 schwer verletzt, *denn sie wurden von Autos angefahren.* – In unserem Stadtteil (...) verletzt, *nachdem sie von Autos angefahren wurden.* – In unserem Stadtteil wurden viele Kinder von Autos angefahren, *sodass 6 tödlich und 14 schwer verletzt wurden.*
Satz 3: *Weil das nicht so bleiben kann,* müssen die Strafen heraufgesetzt werden.

▶ *Lösung 168*

• Der Verfasser sollte sich einmal überlegen, welch große Anstrengung hinter einem solchen Fußballspiel steht!
(auch: Überlegen Sie doch, welche ...!)
Bedenken Sie, dass es nicht unbedingt die Schuld der Spieler ist, wenn ihnen solch große Summen angeboten werden!
Versuchen Sie in Zukunft einfach genauer zu unterscheiden zwischen Profifußball und Breitensport!
• Gibt es denn wirklich keinen Unterschied zwischen Profis und Amateuren?

Ist es nicht auch die Schuld der Zuschauer, wenn so viel Rummel um den Fußball gemacht wird?
Gibt es nicht, wenn einen das alles so stört, die Alternative, einfach nicht hinzugehen zum Bundesliga-Spektakel?
• Vielleicht sollte sich Herr Bartels einfach vorstellen, das hohe Eintrittsgeld sei eine ‚Ablösesumme' zum Freikauf aus dem Fernsehsessel.

▶ *Lösung 171*
Gründe: Zustand des Jugendzentrums; Steuergelder; keine Kontrolle der Eltern; Kriminalität; Geldverschwendung;
Vorwürfe: Zerstörung des Mobiliars; Ausweichen vor der elterlichen Kontrolle; Ausnutzen von Freiräumen; Unfähigkeit zur sinnvollen Freizeitgestaltung

▶ *Lösung 177*
‚Schwarze Schafe' gibt es überall.
Veranstaltungen im Jugendzentrum bringen auch einen guten Ruf für die Stadt.
Viele Gruppen treffen sich – Toleranz und Gewaltfreiheit kann eingeübt werden
(...)

▶ *Lösung 178*
für Appell: Verstehen Sie doch, dass Jugendliche nicht unbedingt mit ihren Eltern vor dem Fernseher sitzen und die ‚Volkstümliche Hitparade' sehen wollen!
Kommen Sie doch einfach mal vorbei, und machen Sie sich ein Bild vom Jugendzentrum!

für rhet. Frage: Ist es Älteren etwa verboten, mal im Jugendzentrum vorbeizuschauen?
Fänden Sie es schöner, wenn die Jugendlichen Bier trinkend in Fußgängerzonen herumsäßen?

für Pointe: Wir haben keine Erinnerung daran, schon viele Eltern bei der Eingangs- und Passkontrolle zurückgewiesen zu haben.
Das Haus heißt zwar Jugendzentrum, aber das Verbotsschild für Erwachsene wurde letzte Woche abmontiert.

▶ ***Lösung 179***

Vgl. o., Übung 35:

Denken Sie doch erst einmal an den großen Schaden, der durch die Kriminalität Erwachsener entsteht! (Appell)

Gibt es nicht überall ‚schwarze Schafe'? (rhet. Frage)

Übrigens: Wir leisten unseren Beitrag zu den Sparmaßnahmen – wir renovieren gerade zwei Räume auf eigene Kosten. (Pointe)

6. Der Kurzvortrag

Inhalt

Inhalt

Inhalt

▶ *Lösung 183*

Für ein allgemeines Referat zum Thema ‚Fliegen' sind die Fragen nach der Funktionsweise der Gasturbine beim Düsenjet, nach der Aufnahmekapazität eines Jumbos und nach der Funktionsweise eines Segelflugzeuges vielleicht etwas speziell.

▶ *Lösung 184*

Einige Fragen sind:
Welche Arten gibt es? Wo leben sie? Wie viele gibt es? Sind sie vom Aussterben bedroht? Wie ernährt sich ein Bär? Wie viel Platz braucht eine Bärenfamilie zum Leben? Wie, worin leben sie? Wie alt werden Bären? Sind sie eine Gefahr für den Menschen? ...

▶ *Lösung 185*

- Wie es vorher war (Der Menschheitstraum vom Fliegen; Ikarus und Dädalus)
- Die ersten Flugversuche (Ballon, erste Fluggeräte bis zum ersten Flug der Gebr. Wright)
- Die Technik (Verschiedene Flugzeugtypen; Rolle der Technik heute)
- Die Weltraumflüge (Sputnik, Apollo 11, Space-Shuttle)
- Einzelne Menschen aus der Geschichte des Fliegens (Montgolfier, Lindbergh, Ikarus, Gagarin)
- Die Bedeutung der Luftfahrt für die Welt von heute (Verkehrswege, Forschung)

▶ *Lösung 186*

Matthias geht chronologisch vor, d. h. von den ersten Anfängen zum neuesten Stand der Technik.

▶ *Lösung 187*

‚Technische Daten': Größe, Umfang, Kraft;
Vorkommen: heimatliche Bären?;
Gründe für das befürchtete Aussterben;
Verhältnis Mensch - Bären

▶ *Lösung 188*

Einzelne Bärenarten (Grizzly, Panda ...);
Bedingungen der Bärenhaltung im Zoo;
Jagdverhalten der Bären
(Vgl. auch Lösung 184)

▶ *Lösung 189*

z. B.: geograf. Vorkommen; Übersicht über die einzelnen Bärenarten; Aufzucht der Jungen; Jagdverhalten und Ernährung; Bär und Mensch; Veränderung der Umweltbedingungen; Lebensbedingungen im Zoo; Vorstellen einzelner Bärenarten; der Teddybär; der Bär als Wappentier

▶ *Lösung 190*

Einteilung der Tierfamilie ‚Bären', körperliche Merkmale, Bären in der Vorzeit, Mensch und Bär, Bären als Heilmittel, Bärenkult

▶ *Lösung 193*

Bären in Religion, Kult und Ritus: ein verhältnismäßig schwieriger Bereich und für den Vortrag nicht besonders spannend

▶ *Lösung 194*

- „Die echten Bären" / „Der Eisbär" – „Der große Panda" / „Großbären", „Pandas"
- „Wie die Bären fischen" / „Bären auf der Jagd", „Honigdiebe und Früchtesammler" / „Was ist ein Bär?"
- „Der Stammbaum der Bären" / „Wo Bären leben"
- „Kein Platz für Bären" / „Bären im Zoo", „Schutz der Bären"
- „Der Teddybär und der Präsident" / „Liebling aller Kinder: Der Teddybär"

▶ *Lösung 198*

I. Einleitung: Interesse am Thema; Begründung, Anlass

II. Hauptteil

1. Was ist ein Bär?, Bärenfamilien
2. Vorkommen
3. Lebensweise: Jagd und Ernährung
4. Bär und Mensch; Umweltbedingungen
5. Vorstellung einzelner Bärenarten

III. Schluss: Zukunftsaussichten für die Bären; der Teddybär.

▶ *Lösung 199*

Ein Stichwortzettel zusätzlich zur Gliederung könnte (z. B. in Bezug auf die Reihenfolge) mehr durcheinanderbringen als nützen.

▶ *Lösung 200*

zu I.: Zoobesuch; Passivität der Tiere; faszinierende Größe; Meldung, dass einige Arten vom Aussterben bedroht; besonders bekannt: Eisbären, Pandas (Zoo), Grizzlys (Abenteuerfilme)

zu II,
1.: Großbären, Kleinbären;
2.: vorwiegend in nordischen Ländern: Kanada, Russland, Nordmeer, früher aber auch bei uns. (...)
3.: hoher Bedarf; vorwiegend Fische, Tiere, aber auch Honigwaben und andere ‚pflanzliche Kost'
4.: braucht große zusammenhängende Waldgebiete; immer seltener auf der Erde; daher zurückgedrängt auch aus anderen Teilen, z. B. Zentraleuropa
5.: Grizzly
Panda
Eisbär

zu III.: Geschichte des Spielzeugteddybären: Roosevelt; Hoffen, dass der Bär nicht nur als Teddybär überlebt.

Diese Gliederung kann und sollte weiter ausgebaut werden bis ca. 1 Seite Umfang.

▶ *Lösung 201*

Ja, wenn es nicht zu viel technische Umstände macht, der Ausschnitt kurz ist, und vor allem muss er zum Thema passen.

▶ *Lösung 202*

Es kommt aber auf den Zeitrahmen an; einfacher ist es, Filmausschnitte am Schluss zu präsentieren.

▶ *Lösung 203*

Judo: Filmvorführung eines Kampfes; Anzug und Gürtel; Bilder mit Kampfstellungen u. Ä.
Motor: Film, Modell (evtl. aus Fahrschule besorgen), Schemazeichnung
Napoleon: Bilder, histor. Zeugnisse, ggf. Film (Spielfilm)
Krebs: Film (Behandlung), Fotos, (auto)biograf. Zeugnisse von Erkrankten
Fliegen: Modelle, Film

Vulkanismus: Schemazeichnung, Film, histor. Zeugnisse von großen Ausbrüchen
Kernenergie: Zeichnung, Film (Funktionsweise eines Reaktors), Zitate pro u. contra

▶ *Lösung 204*
Man kann sich nicht alles merken; durch Auswendiglernen versteht man nicht automatisch und kann nicht immer Auskunft geben.

▶ *Lösung 205*
Mehrfach durchlesen – die wichtigsten Stichworte aus dem Kopf notieren – ein Vortragsversuch, vielleicht vor Freunden oder auf dem Kassettenrekorder

▶ *Lösung 206*
Es ist nicht artgerecht für Bären, und entsprechend haben die Tiere einen etwas apathischen Eindruck gemacht.

▶ *Lösung 207*
In der Einleitung

▶ *Lösung 208*
In Ordnung, wenn es nicht zu sehr vom Thema ablenkt und nicht schon zu viel andere Hilfsmittel verwendet werden (vgl. Übung 19).

▶ *Lösung 209*
Martin muss darauf achten, dass das Thema ‚Bärenjagd' nicht wichtiger wird als die Bären selbst.

▶ *Lösung 210*
Bei „Mensch und Bär / Umweltbedingungen / Zukunftsperspektiven"

Literaturverzeichnis

Bichsel, Peter: *Die Tochter,* aus: Eigentlich möchte Frau Blum den Milchmann kennenlernen, Olten/Freiburg 1964

Domico, T. u. Newman, M.: *Die Bären der Welt,* Braunschweig 1990

Fährmann, Willi: *Es geschah im Nachbarhaus,* Würzburg 1968

Goethe, Johann Wolfgang von: *Der Zauberlehrling,* aus: Goethes Werke, Hamburger Ausgabe, hrsg. v. E. Trunz, München 1974

Hemingway, Ernest: *Die Killer,* aus: Sämtliche Erzählungen. Deutsch von Annemarie Horschitz-Horst, Hamburg 1966

Hensel, W. / Kruse-Schulz, U. / Peter, G.: *Bären,* Stuttgart 1996

Meyers Enzyklopädisches Lexikon, Bd. 3, Bibliografisches Institut, Mannheim/Wien/Zürich 1971

Scheithauer, F.: *Im Reich der Bären,* Würzburg 1994

Schmidt, A. u. Chr. R.: *Das Buch der Tierfamilien: Bären,* Luzern 1987

Schnurre, Wolfdietrich: *Jenö war mein Freund,* aus: Als Vaters Bart noch rot war, Zürich 1958

Wie interpretiere ich...?

■ Der Bestseller !

Alles zum Thema Interpretation,
abgestimmt auf die individuellen Anforderungen

Basiswissen
(Einführung und Theorie)
- grundlegende Sachinformationen zur Interpretation und Analy
- Grundlagen zur Erstellung von Interpretationen
- Fragenkatalog mit ausgewählten Beispielen
- Analyseraster

Anleitungen
(konkrete Anleitung - Schritt für Schritt,
mit Beispielen und Übungsmöglichkeiten)
- Bausteine einer Gedichtinterpretation
- Musterbeispiele
- Selbsterarbeitung anhand praxisorientierter Beispiele

Übungen mit Lösungen
(prüfungsnahe Aufgaben zum Üben und Vertiefen)
- konkrete, für Klausur und Abitur typische Fragen und Aufgabenstellungen zu unterrichts- und lehrplanbezogenen Texten mit Lsg. epochenbezogenes Kompendium

---

Bernd Matzkowski
Wie interpretiere ich Lyrik?
Basiswissen Sek. I/II (AHS)
112 Seiten, mit Texten
Best-Nr. 1448-6

Thomas Brand
Wie interpretiere ich Lyrik?
Anleitung Sek I/II (AHS)
205 Seiten, mit Texten
Best-Nr. 1433-8

Thomas Möbius
Wie interpretiere ich Lyrik?
Übungen mit Lösungen, Band 1
Mittelalter bis Romantik
Sek. I/II (AHS),
mit Texten, 158 S.
Best.-Nr. 1460-5

Thomas Möbius
Wie interpretiere ich Lyrik?
Übungen mit Lösungen, Band 2
Realismus bis Postmoderne
Sek. I/II (AHS),
mit Texten, 149 S.
Best.-Nr. 1461-3

Bernd Matzkowski
Wie interpretiere ich Novellen und Romane?
Basiswissen Sek. I/II (AHS)
88 Seiten
Best-Nr. 1414-1

Thomas Brand
Wie interpretiere ich Novellen und Romane?
Anleitung Sek. I/II (AHS)
160 Seiten, mit Texten
Best.-Nr. 1471-0

Thomas Möbius
Wie interpretiere ich Novellen und Romane?
Übungen mit Lösungen Sek. I/II (AHS)
200 Seiten, mit Texten
Best.-Nr. 1472-9

Bernd Matzkowski
Wie interpretiere ich ein Drama?
Basiswissen Sek. I/II (AHS)
112 Seiten
Best-Nr. 1419-2

Thomas Möbius
Wie interpretiere ich ein Drama?
Anleitung
204 Seiten, mit Texten
Best.-Nr. 1466-4

Thomas Möbius
Wie interpretiere ich ein Drama?
Übungen mit Lösungen
206 Seiten, mit Texten
Best.-Nr. 1467-2

Bernd Matzkowski
Wie interpretiere ich?
Sek. I/II (AHS)
124 Seiten
Best.-Nr. 1417-6

Bernd Matzkowski
Wie interpretiere ich Kurzgeschichten, Fabeln und Parabeln?
Basiswissen Sek. I/II (AHS)
92 Seiten, mit Texten
Best-Nr. 1456-7

Thomas Möbius
Beliebte Gedichte interpretiert
Sek I/II (AHS)
ca. 170 S., ET 10/2004
Best.-Nr. 1480-X

Eduard Huber
Wie interpretiere ich Gedichte?
Sek I/II (AHS)
112 Seiten
Best.-Nr. 1474-5
Ein kompakter Helfer zum Thema Gedichtinterpretation.
Das Buch hebt sich durch seine kompakte Darstellung und seine Methodik von anderen Interpretationshilfen ab.
Der Band zeigt auf, wie man, ausgehend von der Analyse der Form über der des Inhaltes, zu der eigentlichen Gedichtinterpretation kommt.

Bange ... leichter lernen!

Diktate

■ Die ideale Hilfe für Eltern und Lehrer!

Wie verbessere ich die Rechtschreibung und Gr
matik meines Kindes / meines Schülers?

Die Reihe Diktate bietet hier die ideale Hilfe fü
Eltern und Lehrer!

- zahlreiche altersgerechte Diktattexte mit vielen zusätzlichen Übungen zur Rechtschre bung und Grammatik.
- einsetzbar als Übungs- bzw. Prüfungsdiktat
- altersgerechte Sprache
- Lösungen zur Kontrolle im Anhang
- Verzeichnis zum schnellen Auffinden der Übungen
- in Anlehnung an die Lehrpläne
- Diktat und Übungen können unabhängig eingesetzt werden

Klaus Sczyrba
Diktate für das 2.–4. Schuljahr
- mit Übungen
GS (HS), 192 Seiten
Best.-Nr. 1415-X

Klaus Sczyrba
Diktate für das 5.–7. Schuljahr
m. Übungen zur Rechtschreibung u. Grammatik
HS / RS / Gym (HS/AHS)
ET 02/2004
ca. 316 Seiten, zweifarbig, kompl. überarb.
Bestell.-Nr. 1486-9

Für Mai 2004 neu geplant!
Klaus Sczyrba
Diktate für das 8.–10. Schuljahr
- mit Übungen
HS / RS / Gym (HS/AHS), ca. 270 Seiten
Best.-Nr. 1478-8

Thomas Möbius
Diktate für das 4.–5. Schuljahr
- mit Übungen
HS / RS / Gym (HS/AHS)
205 Seiten, zweifarbig
Best.-Nr. 1446-X

Thomas Brand
Diktate für das 6.–7. Schuljahr
- mit Übungen
HS / RS / Gym (HS/AHS)
240 Seiten, zweifarbig
Best.-Nr. 1447-8

Bange ... leichter lernen!